Rettet unser Geld!

HANS-OLAF
HENKEL

RETTET UNSER GELD!

Deutschland wird ausverkauft –
Wie der Euro-Betrug
unseren Wohlstand gefährdet

HEYNE‹

FSC
www.fsc.org
MIX
Papier aus ver-
antwortungsvollen
Quellen
FSC® C014496

Verlagsgruppe Random House FSC-DEU-0100
Das für dieses Buch verwendete FSC®-zertifizierte Papier
EOS liefert Salzer Papier, St. Pölten, Austria.

Redaktion: Matthias Michel

Copyright © 2010 by Wilhelm Heyne Verlag, München,
in der Verlagsgruppe Random House GmbH
Umschlaggestaltung: Hauptmann & Kompanie Werbeagentur
München – Zürich
Satz: EDV-Fotosatz Huber/Verlagsservice G. Pfeifer, Germering
Druck und Bindung: GGP Media GmbH, Pößneck
Printed in Germany 2010

ISBN 978-3-453-18284-4

www.heyne.de

Inhalt

Vorwort

Zwischen Traum und Alptraum

Ich bekenne mich schuldig: Auch ich war einmal überzeugter Anhänger des Euro und habe mich als BDI-Präsident in Deutschland und anderen europäischen Ländern für seine Einführung eingesetzt, obwohl die Deutschen mehrheitlich dagegen waren. Natürlich wusste ich damals schon um die Risiken, die mit einer neuen Einheitswährung verbunden waren, und ich ahnte, welche Folgen der Verlust der harten D-Mark für unser Land haben konnte. Doch schienen mir die Vorteile zu überwiegen, zumal unsere Politiker in Maastricht Sicherungen durchgesetzt hatten, die dem Euro sowie den mit ihm verbundenen Volkswirtschaften zu nachhaltiger Stabilität verhelfen würden.

Doch es kam anders, und heute sehe ich meinen Einsatz für den Euro als größte Fehleinschätzung meiner beruflichen Laufbahn. Denn das, was anfangs wie ein Segen für ein gemeinsames Europa erschien, hat sich heute als Hypothek entpuppt, von der nicht nur die Zukunft der Gemeinschaft, sondern vor allem auch die unseres eigenen Landes bedroht ist. Für die Deutschen hat sich die Gemeinschaftswährung bereits als schwerer Nachteil erwiesen – sie haben es nur noch nicht gemerkt.

Im Leben eines jeden Menschen gibt es einschneidende Ereignisse, persönlicher wie politischer Art, nach denen »nichts mehr ist, wie es war« – im Politischen zähle ich dazu die Währungsreform 1949, mit der der Wiederaufstieg unseres Landes begann; aber auch den Mauerfall vierzig Jahre später, der die unerträgliche Teilung unseres Landes beendete. Beide Ereignisse haben, wie sich rückblickend feststellen lässt, das Leben in Deutschland entscheidend verändert – mein eigenes auch: Mit Ersterem wurde meiner Familie, die im Krieg Vater und Besitz verloren hatte, ein erfolgreicher Neuanfang ermöglicht. Mit Letzterem begann mein neues Leben in einer Bundeshauptstadt Berlin, wo ich – im ehemaligen Ostteil, direkt am Brandenburger Tor – gerade meinen siebzigsten Geburtstag feiern durfte.

Leider gibt es im politischen Bereich erfahrungsgemäß mehr negative Vorkommnisse, die sich den Menschen tief einprägen, auch wenn sie keine sichtbaren Narben hinterlassen. Mein letztes Buch, *Die Abwracker*, war durch ein solches fast traumatisches Ereignis ausgelöst worden: die amerikanische Immobilienkrise, die wie ein Erdbeben wellenartig aus den USA zu uns herüberdrang und an unserer Volkswirtschaft wie an den privaten Vermögen Milliardenschäden anrichtete. Ein Betrug historischen Ausmaßes erschütterte damals die Welt und, wie ich zugebe, auch mein Vertrauen in die globale Finanzstruktur und deren Kontrolleure.

Die Katastrophe, die durch die tödliche Mixtur aus krimineller Energie und Ahnungslosigkeit ausgelöst wurde, scheint heute fast vergessen. Dass der Steuerzahler und seine Kinder sowie deren Kinder noch in einem halben Jahrhundert die Kosten für den staatlichen *Bail out*, die Auslösung bankrottgefährdeter Banken und Unternehmen, abzubezahlen haben, wird nicht mehr thematisiert – man könnte auch sagen: wird verschwiegen. Wenn die Bundesregierung im September 2010 mal eben zur neuerlichen Rettung der verstaatlichten Hypo

Real Estate für vierzig weitere Milliarden garantieren muss, regt sich schon keiner mehr auf.

Dass zudem unsere Staatsverschuldung seit diesem finanziellen Tsunami explosionsartig auf die Höhe von 1,8 Billionen Euro emporgestiegen ist, scheint die Tagespolitik kaum zu berühren, die sich, statt das Problem an der Wurzel zu packen, in homöopathischem »Schuldenabbau« übt. Bildlich gesprochen, schiebt unser Staatsschiff eine gewaltige Bugwelle vor sich her, die unsere Fahrt immer anstrengender werden lässt und dabei immer mehr anschwillt, bis sie irgendwann das Deck überspülen und das Schiff zum Sinken bringen wird. Das kann in einem Jahrzehnt, es könnte aber auch schon in den nächsten Jahren geschehen.

Eigentlich hatte ich nicht vor, so schnell ein neues Buch zu schreiben. Aber wieder ist etwas eingetreten, das diese Bugwelle weiter anwachsen ließ, etwas, das ich zu jenen negativen Ereignissen im politischen Bereich zähle, mit denen sozusagen eine »neue Zeitrechnung« beginnt. Ich spreche von dem riesigen »Schutzschild«, der als Folge der Griechenlandkrise über dem Euro ausgespannt wurde und der für Deutschland dasselbe bedeutet wie die Reaktion auf die Immobilienkrise: Schulden, die andere – damals die Hauskäufer in den USA, heute die Politiker Griechenlands, morgen die anderer Euro-Länder – verursachten, müssen mit deutschem Steuergeld beglichen werden. Obwohl es sich auch hier um einen ungeheuerlichen Milliardenbetrag handelt, für den wir im Bedarfsfall geradestehen müssen, ist man schnell zur Tagesordnung übergegangen. Selbst der Rücktritt des Bundespräsidenten, der unmittelbar auf seine Unterzeichnung des Schutzschirms folgte, war schnell verwunden – man hatte ja nun Herrn Wulff.

Was mich betrifft, habe ich es nicht verwunden. Es ist auch schwer zu verkraften: Denn dieses Garantieversprechen, für

9

das die jetzige Bundesregierung unter Kanzlerin Angela Merkel verantwortlich zeichnet, schließt mehrere schwerwiegende Tatbestände ein, die ich in diesem Buch erläutern werde:

Den blitzschnellen, in einer Nacht-und-Nebelaktion durchgezogenen Bruch von Verträgen und Abmachungen früherer Regierungen sowie den damit verbundenen massiven Verstoß gegen Gesetze nenne ich einen *Putsch*.

Die Auflösung des Schutzschirms von Maastricht, der über dem deutschen Steuerzahler aufgespannt war, zugunsten eines Schutzschirms, der bedrohte Schuldenstaaten auf unsere Kosten retten soll, nenne ich *Untreue*.

Das fatale Zusammenwirken der beteiligten EU-Politiker, die – um ihrer eigenen Sicherheit willen – den Deutschen deren Sicherheit »abluchsten«, während diese, vertreten durch die Bundesregierung, die dramatische Verlagerung von Verantwortung einfach abnickten, weil die Politiker sich eine generelle Euro-Debatte ersparen und keine Wählerstimmen riskieren wollten, nenne ich *Betrug*.

Zugegeben, harte Worte. Vor allem das letztere dürfte Widerspruch wecken, doch zu Unrecht. Strafrechtlich gesehen, handelt es sich bei Betrug um die Schädigung des Vermögens eines anderen durch bewusste Vorspiegelung falscher Tatsachen oder Unterdrückung der Wahrheit, mit dem Zweck, sich gegenüber dem Geschädigten einen Vorteil zu verschaffen. Dass dies auf die überfallartige Einführung des Euro-Rettungspakets zutrifft, werde ich in diesem Buch beweisen.

Lange hat mich dieses – von Medien und Politik überraschend schnell ad acta gelegte – Ereignis beschäftigt. Oft grübelte ich nachts darüber, was wirklich damit an Unheil angerichtet war, dessen ganze Tragweite sich erst, wie jene unseres 1,8-Billionen-Schuldturms, in der Zukunft erweisen würde. Zugleich dachte ich über Lösungsmöglichkeiten nach, die unser Land aus der finanziellen Falle, die uns damit gestellt worden war, befreien würden.

Nicht weit vom Reichstag entfernt, wo ich lebe, hatte ich im Halbschlaf einen seltsamen Traum – die Zeit lief ins Jahr 2009 zurück, genauer: zum Abend des Wahltags. Zu meiner Überraschung hatte Rot-Grün gewonnen und nicht Schwarz-Gelb. Statt Merkel wurde bald darauf Steinmeier zum Bundeskanzler gewählt, und im neuen Jahr kam mit der Griechenlandkrise eine der ersten Herausforderungen auf die neue Regierung zu.

Für Kanzler Steinmeier lag der Fall klar: Einem europäischen Bruderland, noch dazu unter sozialistischer Führung, musste geholfen werden, und ohne große Umstände brachte sein Finanzminister Steinbrück das gewaltige 148-Milliarden-Rettungspaket auf den Weg. Doch die Republik, aufgerüttelt von einer leidenschaftlich kämpfenden Oppositionsführerin Angela Merkel, begehrte auf. In allen Medien wurde der durch Rot-Grün begangene Wortbruch angeprangert, die Aufweichung des Euro beklagt, der Ausverkauf Deutschlands empört vorausgesagt, und das zu Recht: Aus Gründen falsch verstandener Solidarität hatte man das Tafelsilber der Nation verpfändet.

Mein Traum ging noch weiter: Der Schutzschirm, von Steinmeier und Steinbrück garantiert, wurde für die Regierung zum Alptraum. Die Zustimmung der Bevölkerung sackte auf ein historisches Tief ab (16 Prozent SPD, 7 Prozent Grüne), täglich fanden in den Großstädten Demonstrationen statt, und als Rot-Grün das Rettungspaket aus »Solidarität mit Griechenland« an einem einzigen Tag durch Bundestag und Bundesrat peitschte, kam es zum Eklat. Bundespräsident Horst Köhler, der einst den Euro-Stabilitätspakt mit ausgehandelt hatte, verweigerte die Unterschrift. Es kam zur Staatskrise, Köhler löste den Bundestag auf und setzte Neuwahlen an. Keinen wunderte es, dass Rot-Grün von den Wählern vernichtend abgestraft wurde, während CDU/CSU und FDP, als Verteidiger deutscher Interessen, einen historischen Sieg einfuhren.

Sogleich begannen Merkel und Westerwelle, praktisch umzusetzen, was sie im Wahlkampf versprochen hatten und wofür sie gewählt wurden: »Abkehr vom Schuldenstaat! Abschied vom Euro! Wiedereinführung der D-Mark!«

Kaum traute ich meinen Ohren: »Wiedereinführung der D-Mark«?

Ich erwachte mit einem seltenen Glücksgefühl.

Natürlich hielt es nicht lange vor. Ich war zurück im grauen deutschen Herbst 2010. Der Rettungsautomatismus – für die Deutschen ein wahres Damoklesschwert – war installiert, und man hat es Kanzlerin Merkel abgenommen, dass er auch noch »alternativlos« sei. Ich weiß nicht, ob sie sich darüber Rechenschaft abgelegt hat, dass dieser Ausdruck einem Denkverbot gleichkam. Es war wohl ihr Äquivalent zu Schröders »Basta«.

Mein Traum, so ging mir dann auf, hatte den Nagel auf den Kopf getroffen: Durch den Sieg der bürgerlichen Parteien Schwarz-Gelb, den ich mir damals so sehr gewünscht hatte, war der Wortbruch erst möglich geworden, denn eine rot-grüne Opposition konnte die Schuldengarantie aus ideologischen Gründen nicht ablehnen.

Ein ähnlicher Fall, nur umgekehrt, war Ende der 90er Jahre eingetreten, als Rot-Grün an der Macht war. Wie heute die Merkel-Regierung dem Drängen der EU-Partner, hat damals das Duo Schröder-Fischer dem Drängen der NATO nachgegeben und am Kosovo-Krieg teilgenommen, wobei man als Rechtfertigung auf ein dort drohendes neues »Auschwitz« hinwies, was auch noch geglaubt wurde. In diesem Fall mussten, aus atlantischer Bündnistreue, CDU/CSU und FDP schweigen, und da Schröder das wusste, konnte er unbekümmert losmarschieren. Ganz anders hätte der Fall gelegen, wenn die Konservativen in Berlin regiert hätten: Wäre Kohl in den Krieg gezogen, hätte Rot-Grün einen pazifistischen Aufstand angezettelt, dem sich erst die Medien, dann die ganze Nation angeschlossen hätten – möglicherweise mit einem schnellen Ende für die schwarz-gelbe Regierung.

Im Fall des Euro-Rettungsschirms, der schon immer zu den Wunschträumen Frankreichs und den Alpträumen Deutschlands gehört hatte, war unglücklicherweise die falsche Koalition am Werk: Merkel-Westerwelle konnten diesen Schritt tun, den jeder ernsthafte Wirtschaftswissenschaftler für ein brandgefährliches Vabanquespiel hält, weil sie wussten, dass die Opposition schweigen würde. So ist der nationalökonomische GAU eingetreten, und es ist nur noch eine Frage der Zeit, wann er die öffentlichen Kassen erreicht.

Eigenartig, dass kurz nach den ersten Milliardenüberweisungen nach Griechenland und der Durchpeitschung der Schuldengarantie der Euro-Kurs wieder gestiegen ist, die Wirtschaft sich erholt hat, mit der Folge, dass die Regierung zum Tagesgeschäft überging und die Medien sich auf neue »Aufreger« stürzten. Die nun eingetretene Beruhigung lässt sich mit der eines Mannes vergleichen, der aus einem Hochhaus gesprungen ist und im Fallen meint, dass man sich von den Risiken doch übertriebene Vorstellungen mache. Leider sind wir es, die sich im volkswirtschaftlichen Sturz befinden und die wir uns als Trost zurufen können, dass keiner weiß, wie tief der Abgrund ist, dem wir entgegensausen.

Manche meinen gar, dass wir in Wahrheit gar nicht fallen, sondern dass es entweder ewig so weitergeht oder dass man sich vielleicht sogar im Aufwind befindet, wie uns der trügerische DAX ab und zu vorspiegelt. Aber sie irren sich. Der Abstieg, der ein Absturz ist, hat mit dem Rettungspaket unvermeidlich begonnen – auch wenn die ersten bitteren Konsequenzen sich erst nach Monaten oder gar Jahren zeigen.

Der Grund ist einfach. Noch bevor es zum GAU kommt und einer oder mehrere der europäischen »Südstaaten« deutsche Garantiemilliarden abrufen, wirkt die Konstruktion bereits auf all jene, die gern Schulden machen, um Wähler zu gewinnen, wie eine herrliche Beruhigungspille: Ich verschwende – andere bezahlen. Welch traumhafte Vision!

Der Schutzschirm hat die EU seit dem Tag seines Inkrafttretens entscheidend verändert: Aus einer Wettbewerbsgemeinschaft ist eine Transfergemeinschaft geworden. Für die Segnungen dieser Einrichtung besitzen wir in Deutschland mit dem sogenannten Länderfinanzausgleich das beste Beispiel: Gegenwärtig gibt es bei uns drei Geberländer und dreizehn Nehmerländer. Glücklich sind nur letztere zu nennen. Wenn etwa Bremen einen Euro ausgibt, bekommt es von den weniger glücklichen Ländern 97 Cent zurück. Wenn dagegen Bayern einen Euro ausgeben muss, wird es 97 Cent los. Seltsamerweise hat das für Bremen und für Bayern die gleiche Konsequenz: Sparen lohnt sich nicht.

Zur gleichen Zeit, als mit Griechenlandrettung und Euro-Schutzschirm Europa unwiderruflich in eine Transfergemeinschaft verwandelt wurde, hat Berlins Regierender Bürgermeister Wowereit die Absurdität einer solchen Regelung vor Augen geführt. Er hat nämlich entschieden, dass demnächst den Berlinern freie Kindergartenplätze angeboten werden sollen, was die Eltern freuen und umso geneigter stimmen wird, ihn und seine Partei zu wählen. Nicht freuen wird es jene, die für die Millionen aufkommen müssen, nämlich Bayern und die anderen Geberländer, die sich im Würgegriff des Finanzausgleichs befinden.

Die absurde Konsequenz: Da die Sozialpolitiker in Bayern, Hessen und Baden-Württemberg feststellen, dass Herr Wowereit sich auf ihre Kosten einen wählerfreundlichen Luxus leistet, beschließen sie desgleichen zu tun, weil auch sie an ihre Wähler denken müssen: Auch bei uns sollen Kindergartenplätze nichts mehr kosten! Nun kann man sich leicht vorstellen, wie dieser Mechanismus, den man auch als System organisierter Verantwortungslosigkeit bezeichnen könnte, bei unseren europäischen Nachbarn wirken wird, die ohnehin zum Geldverschwenden – zumal wenn es nicht das eigene ist – eine entspannte Einstellung besitzen. Aus dem System dieser Ausgabesymmetrien wird bald eine Leistungs-und Kostenspirale, an der jeder mit der Gewissheit teilnehmen kann, dass nur den letzten die Hunde beißen.

Der letzte, das wird natürlich derjenige sein, der die anderen an Fleiß, Sparsamkeit und haushälterischer Disziplin übertrifft. Großartig, werden die anderen sagen, du leistest und sparst für uns mit! Und keiner wird den Mut haben, die Wahrheit auszusprechen, dass eine solche »Gemeinschaft« aus Teilnehmern besteht, von denen jeder sich, so gut er eben kann, auf Kosten der anderen zu bereichern sucht.

War die EU einst als eine Wettbewerbsgemeinschaft konzipiert, in der jeder den anderen an Produktivität und Lebensqualität zu übertreffen suchte, wird sie nun zur Verteilungsgemeinschaft, bei der es nur noch den einen Wettbewerb gibt – nämlich wer den anderen das meiste abknöpft. Kurz gesagt: Die Frage ist nicht mehr, wer leistet am meisten, sondern wer leistet *sich* am meisten. Man kann sich denken, dass der Tugendhafte, auf dessen Kosten sich die anderen etwas leisten, die längste Zeit tugendhaft gewesen ist.

Für Deutschland, diesen notorischen Musterknaben, der sich so gern ausnehmen lässt, wird dies auf Dauer die Konsequenz zeitigen, dass es sich immer weniger von den anderen unterscheiden wird und, statt wie zu D-Mark-Zeiten den Felsen in der Brandung abzugeben, die Stabilitätskultur über Bord werfen und den Abwärtstrend verstärken wird. Was das für Europa bedeutet, lässt sich leicht ausmalen: Der Kontinent, einst Lokomotive und Ideenlieferant der ganzen Welt, wird hoffnungslos hinter die anderen großen Regionalblöcke zurückfallen.

Der GAU, den die Merkel-Regierung für uns vorprogrammiert hat, ist mitnichten, wie sie behauptet hat, »alternativlos«. Es gibt eine Alternative. Sie kam vom französischen Staatspräsidenten höchstpersönlich, dem stärksten Befürworter des Rettungsschirms. Am Vorabend der Verabschiedung des Pakets soll Sarkozy damit gedroht haben, falls Deutschland den Vertragsbruch nicht mittragen würde, den Franc aus der gemeinsamen Währung zu nehmen, will sagen: Fortan hätte es neben dem Euro wieder den französischen Franc gegeben.

Kaum zu glauben: Der französische Präsident droht den Vertretern der ehemaligen Hartwährung D-Mark damit, seine ungeliebte Weichwährung wieder einzuführen, die Frankreich selbst nicht schnell genug loswerden konnte. Und wir, das heißt die Regierung Merkel, fallen auf diesen Bluff herein! Das mindeste, was ich von der Bundesregierung erwartet hätte, wäre die passende Reaktion gewesen, nun ihrerseits diese Karte auszuspielen: Falls die EU in eine Transfergemeinschaft umgewandelt würde, die – in Analogie zum Länderfinanzausgleich – aus einer kleinen Minderheit von Geberländern und einer lachenden Mehrheit von Schnorrern besteht, würde die Bundesrepublik die D-Mark wieder einführen.

In jedem Fall hätte die Kanzlerin gewonnen: Entweder wäre der fatale Rettungsschirm nicht gekommen oder die Deutsche Mark wäre gekommen. Stattdessen hat die Kanzlerin sich für den Weg des geringsten Widerstands entschieden und all das unterschrieben, was für das Land, dessen Nutzen zu mehren sie geschworen hatte, Schaden bringen wird. Die »begrenzten Vertragsänderungen«, die Frau Merkel am 28. Oktober 2010 in Brüssel durchgesetzt hat – möglicherweise, da die Entscheidung in den Dezember verschoben wurde –, sind in Wahrheit kosmetischer Natur und ändern nichts an der deprimierenden Lage, die für uns durch den Rettungsschirm entstanden ist. Die Deutschen stecken in der Klemme, und keiner kann ihnen heraushelfen – außer sie selbst.

Dennoch glaube ich an Europa, aber nicht an die fixe Idee der Technokraten, die alles über einen Leisten schlagen möchten und jede nationale Abweichung als Bedrohung empfinden, sondern an das Europa der Verschiedenheiten. Wir brauchen die Nationalstaaten, die sich durch Wettbewerb untereinander profilieren, aber auch gegenseitig zu Höchstleistungen anstacheln. Nur wenn die europäischen Staaten ihre marktwirtschaftliche Wettbewerbskultur weiterentwickeln, können sie in der globalen Konkurrenz mit den anderen Weltteilen mithalten. Europa hat seinen Glanz dem Wettbewerb der Nationen zu verdanken – die nun beschlossene Transfergemeinschaft wird dagegen für schnelle Abstumpfung sorgen: Man strebt nicht nach oben, sondern orientiert sich nach unten.

Ich werde in diesem Buch zeigen, wie es zu dieser Fehlentwicklung kommen konnte und vor allem, wie die Gemeinschaftswährung unbemerkt diesen Verfall beschleunigt hat. Denn das Privileg, an der Währungsstabilität der Starken teilhaben und diese als geldwerten Vorteil einstreichen zu dürfen, ist vielen schwachen Ländern nicht bekommen. Und weil die EU der Erhaltung des Gemeinschaftsgefühls mehr Gewicht beilegte als der Erhaltung ihrer Geldwertstabilität, ist der Euro auch den starken Ländern nicht bekommen.

Wie in meinem Traum, so sehe ich auch in der Wirklichkeit keine Chance mehr für den alten Euro. Die Devise »Abkehr vom Schuldenstaat! Abschied vom Euro! Wiedereinführung der D-Mark!« habe ich mir teilweise zu eigen gemacht. Die Zeit des alten Euro ist abgelaufen. Will Europa von einem zentral geregelten Transferverbund zu einer kreativen Wettbewerbsgemeinschaft zurückkehren, weil es seine Stabilität und zugleich seine globale Konkurrenzfähigkeit behalten will, so braucht es eine neue Währung, die den nationalen Unterschieden Rechnung tragen muss.

Zur Rettung der Europäischen Gemeinschaft schlage ich im letzten Kapitel dieses Buches vor, den Euro in zwei Zonen aufzuteilen, die auch die Mentalitätsunterschiede der betroffenen Länder widerspiegeln – eine Nordzone um Deutschland, die Benelux-Staaten und Skandinavien, deren Festhalten an Geldwertstabilität und Haushaltsdisziplin durch den harten Nord-Euro repräsentiert würde; und eine Südzone um Frankreich, Spanien und Italien – heute schon als »Club Med« bekannt –, deren weiche Euro-Variante der Ausgabenfreude und dem währungstechnischen Improvisationstalent dieser Länder entspräche.

Ich schlage es vor, weil ich zutiefst überzeugt bin, dass das, was für Europa gut ist, auch für Deutschland gut sein wird.

Hans-Olaf Henkel
Berlin, im November 2010

PS: Wenn Sie mir einen Kommentar schreiben möchten, bitteschön: *henkel@wgl.de*

KAPITEL EINS

Die Maulkorb-Republik

Wie es in unserem diskutierfreudigen, ja diskutierwütigen Land üblich ist, wurde das Problem des Euro ausgiebig in den Medien durchgesprochen, in den Talkshows von allen Seiten beleuchtet und eine Zeitlang an erster Stelle der Aufmerksamkeits-Agenda geführt. Ich gebe zu, dass mir das an einer Demokratie gefällt: dass über alles geredet werden kann und nichts unter den Teppich gekehrt wird.

Wobei ich gleich hinzufügen muss, dass wir auch in diesem Punkt zu Extremen neigen: Wir hecheln jedes Problem so ausgiebig durch, bis es uns gleichsam zu den Ohren herauskommt, was zur Folge hat, dass wir des Problems schnell überdrüssig werden und es kurzerhand vergessen, da uns bereits ein anderes Thema fesselt. Das alte Problem ist damit nicht erledigt, aber es hat sich für uns erledigt. Und darin liegt ein großer Unterschied.

Das andere Extrem scheint mir noch gefährlicher: Tritt ein Problem auf, das sich mit der herrschenden Denkrichtung nicht vereinbaren lässt, wird es zum Unthema erklärt. Da nicht sein kann, was nicht sein darf, schweigt man es tot und legt dem, der sich nicht mundtot machen lässt, einen Maulkorb an. Natürlich wird dieser unschöne Vorgang, der bei uns längst zum Alltag gehört, nie so klar ausgeprochen, sondern verblümt und beschönigt: Man erklärt das Problem, das angesprochen wurde, für nichtexistent, das heißt, man vertuscht es, oder man erklärt es – strafbewehrt – zur »Leugnung« offenbarer Tatsachen, womit jeder, der es publik macht, entweder zum Irren oder zum Gesetzesbrecher gestempelt wird. Das klingt ziemlich drastisch, aber genau so ist es. Und leider geht damit unsere vielbeschworene Meinungsfreiheit zum Teufel.

Zurück zur Euro-Debatte, die im Frühjahr 2010 sehr heftig geführt wurde – heftig vor allem von jenen, die das Problem, das Deutschland mit dem Euro bekommen hatte, zum Unproblem erklären wollten und jene, die sich über Alternativen Gedanken machten, wenn nicht als Irre, so doch als Menschen mit herabgesetztem Reflexionsvermögen darstellten. Es gibt bei uns viele Arten, jemanden mundtot zu machen, aber die beliebteste in Medien und Politik besteht immer noch darin, ihn der Lächerlichkeit preiszugeben.

Nachdem ich einer Zeitung ein Interview zum Thema Euro gegeben hatte, wurde ich in die Talkshow von Markus Lanz eingeladen. In der ZDF-Runde saß neben mir der ehemalige Finanzminister Hans Eichel, der meine Ausführungen mit süffisantem Lächeln verfolgte, unbeeindruckt von dem Umstand, dass das Publikum auf meine Äußerungen mit Applaus reagierte. Der Ausstieg aus dem Euro, dessen Notwendigkeit ich begründete, sowie die Wiedereinführung der D-Mark, die ich vorschlug, kam bei den im Studio Anwesenden offenbar gut an. Zuerst verblüffte mich das, da ich wiederholte Beifallskundgebungen nicht gewohnt bin. Aber offenbar hatte ich einen Nerv getroffen.

Herrn Eichel wiederum schien ich zunehmend auf den Nerv zu gehen, da er als Vertreter des korrekten Denkens dessen unzulässige Übertretung registrierte. Als Politiker, der »mit allen Wassern gewaschen« ist – sauberen und weniger sauberen –, demonstrierte er nun das komplette Arsenal der öffentlichen Mundtotmachung, wie sie sich seit Zeiten von Rot-Grün in

Deutschland etabliert hat. Deren Ziel besteht darin, unerwünschte Inhalte dadurch aus dem Lichtkegel der Aufmerksamkeit zu ziehen, dass man den, der sie verkündet, anschwärzt. Die Wege dorthin sind vielfältig. Einer besteht darin – und Eichel führte ihn sogleich vor –, dass man dem Gegenüber seinen guten Willen abspricht. »Sie wollen doch nur provozieren«, sagte er, und das implizierte, dass es mir nur auf die Wirkung ankomme. Das Sprichwort sagt ja, »Man spürt die Absicht und ist verstimmt«, und so zielt dieser Einspruch darauf, den Menschen ein ungeliebtes Thema dadurch zu vermiesen, dass man gegen dessen Vertreter »Stimmung macht«. Er will sich ja nur wichtig machen, was den betrüblichen Schluss nahelegt: Er hat es wohl nötig.

Der zweite, nicht minder raffinierte Weg besteht darin, dem anderen die Ernsthaftigkeit abzusprechen. Der Satz »Das kann ja wohl nicht Ihr Ernst sein«, wie der ehemalige Finanzminister ihn vortrug, soll dem Kontrahenten den Teppich unter den Füßen wegziehen. Er besagt ja zweierlei: Zum einen, dass das, was man vorschlägt, an sich schon lächerlich wirkt und damit nicht der Rede wert ist; es impliziert aber auch, dass man das selbst noch gar nicht bemerkt hat und demnach der »vernünftige« Gesprächspartner, also Herr Eichel, einen erst darauf aufmerksam machen muss. Und damit ist nicht allein der angesprochene Gedanke, sondern man selbst als lächerlich bloßgestellt.

Der dritte Weg, der sozusagen den tödlichen Schlag versetzen soll, besteht aus dem Argument, wonach der Andersdenkende von der Materie offenbar keine Ahnung hat, weil er gegen die allgemein anerkannte, öffentlich akzeptierte und von den Autoritäten bestätigte Wahrheit angeht, sie gleichsam »leugnet«. Stillschweigend wird also die fatale Alternative aufgestellt, dass man entweder von der Sachlage nichts versteht oder, was noch schwerer wiegt, dass man wohl etwas davon versteht, aber offenen Auges das Gegenteil behauptet. So kann die Öffentlichkeit entscheiden, ob man den Übertreter für dumm oder für böse hält. Schöne Aussichten.

Während ich, im Zerrspiegel von Herrn Eichel, durchtrieben und böse erschien, zeigte sich in einem *Welt*-Interview Finanzminister Wolfgang Schäuble, den ich ansonsten sehr schätze, nachsichtig und bezeichnete meinen Vorschlag lediglich als »Unsinn«. Ich werde in diesem Buch zeigen, dass sich Wolfgang Schäuble geirrt hat.

Auch in einem anderen Punkt hat er mit dieser Keule, denn nicht anders kann man seine Wortwahl nennen, vorbeigehauen. Über den Andersdenker Thilo Sarrazin urteilte er ebenfalls, seine Thesen seien »Unsinn«, schlimmer noch »verantwortungsloser Unsinn«. Wobei er damit jenes Totschlagargument verband, das sein Vorgänger Eichel an mir erprobt hatte. Schäuble sagte nämlich über Sarrazin, in der Mediengesellschaft sei es unvermeidlich, dass verantwortungsloser Unsinn umso mehr Öffentlichkeit finde, je mehr Tabus verletzt würden.

Schäuble hat damit im Umkehrschluss die Wahrheit verkündet, dass es bei uns tatsächlich für verantwortungsvoll und sinnvoll gilt, keine Tabus zu verletzen. Und zu den Tabus, vor denen sich Hans Eichel wie Wolfgang Schäuble verbeugten, gehört nun einmal die Unantastbarkeit des Euro und die Nichtwiedereinführbarkeit der D-Mark. Dieses Tabu ist weder verantwortungsvoll noch sinnvoll, sondern ganz einfach ein Schaden für unser Land.

Natürlich läuft derlei Argumentation darauf hinaus, dass der Andersdenkende als »Tabubrecher« und »verantwortungsloser Unsinnredner« einen Maulkorb verpasst bekommt. Das hat lange Tradition in unserem ach so freiheitlichen Gemeinwesen, nur ist es seit einiger Zeit besonders schlimm geworden. Als

Rot-Grün an der Macht war, glaubte ich, die Alt-68er seien daran schuld, dass jedem, der eine abweichende Meinung zu äußern wagte, gleichsam der mediale Schauprozess gemacht wurde. Doch seitdem wir eine konservativ-liberale Regierung haben, hat sich daran gar nichts geändert. Kanzlerin Merkel betätigte sich als oberste Zensorin und verpasste Thilo Sarrazins Buch noch vor seinem Erscheinen das Etikett »nicht hilfreich«; mehr noch: »überhaupt nicht hilfreich«. Das besagte ja wohl: Ab in den Reißwolf.

Man darf fragen, ob sie sich das auch gut überlegt hat. Gewiss, der Ausdruck ist ein Understatement wie das sprichwörtliche »I'm not amused« der Queen, das heißt, er ist diplomatisch klug gewählt, da er den Menschen scheinbar ungeschoren lässt. In Wahrheit ist er aber raffiniert, weil er ihr eine klare Stellungnahme erspart: Die Kanzlerin als Beurteilungsautorität sagt nicht, das Buch sei gut oder schlecht, sein Autor dumm oder böse – sie sagt lediglich, es sei nicht hilfreich. Und was bedeutet das? Nichts! Solange sie nicht sagt, wem es nicht hilft, bleibt die Aussage eine Worthülse, und das sollte sie auch sein, ein leerer Begriff, in den sich nun jeder das hineindenken kann und soll, was die Kanzlerin eigentlich gemeint haben könnte. Und da ihre Meinung mutmaßlich negativ ausfiel, hat sie doch ihre Wirkung erreicht, ohne die Verantwortung dafür übernehmen zu müssen. Mir scheint das »überhaupt nicht hilfreich«, liebe Angela Merkel.

Dass führende Minister, die Kanzlerin vorweg, vorschnell und ohne genaue Kenntnis des Buches ihr Verdammungsurteil sprachen, stimmte mich tief traurig. Dass Politiker aller Parteien ins gleiche Horn stießen, machte mich wütend. Aber dass die meisten Medien sich einen wahren Vernichtungswettkampf lieferten, wer diesen »Rassisten« am schnellsten zur Strecke bringen würde, widerte mich an.

In all meinen Büchern habe ich dieses schändliche Verhalten beschrieben, das unserer angeblichen Meinungsfreiheit Hohn spricht. Zu den unangenehmen Erfahrungen, die ich selbst mit den Hohepriestern der Tabuverteidigung sammeln konnte, kamen jene der anderen, die weit härter betroffen waren. Hinterher hat sich meist gezeigt, dass sie – die Geächteten, Ausgestoßenen, Unmöglichgemachten – wohl Recht gehabt hatten. Ich erinnere nur an den Historiker Ernst Nolte, der 1986 auf die unübersehbaren Parallelen zwischen der Nazi- und der Stalindiktatur hingewiesen hat sowie darauf, dass die bolschewistische Tyrannei für Hitler einen gewissen Vorbildeffekt gehabt hatte und der braune Terror teilweise Reaktion auf den roten Terror gewesen sei. Es kam zum »Historikerstreit«, der in Wahrheit ein Scherbengericht über Ernst Nolte war und der nicht nur zu dessen Kaltstellung, sondern auch zur Errichtung eines Tabus führte: Du sollst Kommunismus und Nationalsozialismus nicht vergleichen.

Heute, ein Vierteljahrhundert später, gehört dieser Vergleich zu den Selbstverständlichkeiten, denen sich kein Wissenschaftler mehr entziehen kann. Und mit Staunen las ich das Geständnis des Historikers Hans-Ulrich Wehler, es sei damals weniger eine wissenschaftliche Auseinandersetzung gewesen als eine ideologische Kampfansage an die deutschen Konservativen. Es ging nicht um die Wahrheit, sondern um die Deutungshoheit über die Wahrheit. Und wer über die Deutungshoheit verfügt, der spricht Denkverbote aus und verteilt Maulkörbe. Am besten noch »im Namen der Freiheit«. Ich hätte mich nicht gewundert, wenn die politisch korrekte Klasse eine öffentliche Bücherverbrennung inszeniert hätte, wo im flackernden Flammenschein ein Transparent über den Köpfen geschwebt hätte, auf dem zu lesen gestanden hätte: »Diese Bücher waren überhaupt nicht hilfreich.«

Im September 2010 kam ein weiterer Maulkorb-Fall hinzu, als die Präsidentin für den Bund der Vertriebenen Erika Steinbach zwei Kollegen in Schutz nahm, die ihre Meinung zum Kriegsausbruch im September 1939 kundgetan hatten. Die parteiübergreifende Empörung darüber erfasste auch ihre eigene Partei, die CDU/CSU, die ihr in Gestalt von Fraktionsvize Andreas Schockenhoff vorwarf, mit ihrer Feststellung eine »rote Linie« überschritten zu haben. Diese besteht offenbar darin, dass man bestimmte Zusammenhänge nicht herstellen darf.

Bei uns in Deutschland darf man Vieles nicht, vor allem nicht bestimmte Sachverhalte miteinander vergleichen, und es gibt noch eine Menge andere »rote Linien«, über die man stolpert, wenn man sich unvorsichtig auf tabuisiertes Terrain begibt. Thilo Sarrazin etwa hat die Performance von ethnischen Gruppen miteinander verglichen und offizielle Statistiken herangezogen – sein Ergebnis lautete, dass der Vergleich die einen in besserem, die anderen in weniger gutem Licht erscheinen ließ. Der Vergleich führte also zur Unterscheidung. Aber Unterscheidung, so sagten sich die Zensoren, ist das nicht das deutsche Wort für »Diskriminierung«? Thilo Sarrazin wagte es, eine Minderheit zu diskriminieren! Blind vor Zensurwut übersah man, dass jede Art von Denken das Vergleichen und Unterscheiden voraussetzt – es vergleicht Schlüsse und unterscheidet Richtig von Falsch. Wer nicht vergleichen darf, der darf nicht denken. Ist es das, worauf abgezielt wird?

Der Bundestagsabgeordnete Martin Hohmann wurde 2003, auch auf Angela Merkels Drängen hin, abserviert, weil er den Begriff »Täternation« ad absurdum führen wollte. Sie nannte seine Aussagen »unerträglich«. Auch dieses Wort hat es, wie das »nicht hilfreich«, in sich. Es lässt nämlich offen, warum man etwas nicht ertragen kann: Für einen Menschen mit

Sonnenlichtallergie etwa ist Sonnenlicht unerträglich. Keiner würde deshalb auf die Idee kommen, Sonnenlicht per se als unerträglich zu bezeichnen. Bezeichnet man eine bestimmte Aussage als unerträglich, insinuiert man damit, dass es schlechthin unerträglich, das heißt: nicht zu tolerieren sei. Man ist ja sonst immer tolerant, aber wenn einer etwas »Unerträgliches« sagt, hört die Toleranz auf.

Doch eine Toleranz, so muss man leider schlussfolgern, die wahlweise darüber entscheidet, was nun in ihren Geltungsbereich fällt und was nicht, ist in Wahrheit Intoleranz. Das Argument, dass man mit bestimmten Aussagen Gefühle verletzt und die Erinnerung an Menschen verunglimpft, müsste dann auch gelten, wenn jemand, sagen wir, die Persönlichkeit Mohammeds mittels Karikaturen durch den Kakao zieht, was ganze Nationen in Aufruhr brachte. In diesem Fall ließ es sich Bundeskanzlerin Merkel nicht nehmen, dem dänischen Karikaturisten Kurt Westergaard für seine mutige Tat einen Medienpreis zu überreichen. Thilo Sarrazin konterte witzig, er erwarte, dass Frau Merkel ihm in ein paar Jahren ebenfalls einen Preis für Meinungsfreiheit überreichen werde – »wenn sie dann noch Kanzlerin ist«.

Das Folterwerkzeug, das man all jenen vorzeigt, die gegen Tabus anzugehen wagen, nennt sich »Moral«. Wer gewisse Dinge leugnet und andere behauptet, wer Dinge miteinander vergleicht oder alte Maßstäbe durch neue ersetzt, der wird moralisch abqualifiziert. Martin Walser nannte das die »Moralkeule«. Als er den Begriff 1998 bei seiner Dankrede zur Verleihung des Friedenspreises des Deutschen Buchhandels einführte, lag der »Fall Jenninger« schon zehn Jahre zurück. Im November 1988 hatte der damalige Bundestagspräsident Philipp Jenninger zum 50. Jahrestag der sogenannten »Reichskristallnacht« eine Rede gehalten, die von den Hörern als »schuldrelativierend« eingestuft wurde. Prompt bekam er mit der »Moralkeule« eins auf den Kopf.

Im Zusammenhang mit dem »Fall Sarrazin« hat der Journalist Volker Zastrow an jenen Skandal erinnert, der auch zu Jenningers Kaltstellung samt Maulkorberlass führte. »Am Bundestagspräsidenten wurde demonstriert«, schrieb Zastrow am 13. September 2010 in der *FAZ*, »dass nicht zählt, was einer gemeint hat, sondern ob man es ihm erfolgreich verdrehen kann«. Zastrow ergriff damit für Sarrazin Partei, obwohl *FAZ*-Herausgeber Frank Schirrmacher, der gern auf jeder vorbeirauschenden Zeitgeistwelle surft, dem Bundesbanker zuvor mittels »Genetik«-Vorwurf die Ehre abgeschnitten hatte – Wochen später übte er tätige Reue, indem er Sarrazin in einem langen Interview die Möglichkeit zur Klarstellung seiner Ansichten bot, was überzeugend genug ausfiel. Aber da war auch andernorts die Stimmung bereits umgeschlagen: Unter dem Eindruck von Sarrazins glänzenden Umfragewerten fanden immer mehr Politiker Geschmack an den Thesen des Geächteten und warben, wie Guido Westerwelle Mitte Oktober, um mehr Toleranz für Andersdenkende.

»Moralkeule« ist deshalb ein so treffender Begriff, weil er das eigentlich geistige Wesen der Moral mit den Arbeitsmethoden des Folterknechts verbindet. Sehr schön demonstrierte das SPD-Chef Sigmar Gabriel, der Sarrazin »sprachlich gewalttätige Aussagen« attestierte. Die traurige Ironie besteht darin, dass Sarrazins Buch sowenig wie sein Verfasser etwas Gewalttätiges an sich haben, sehr wohl aber die Aussage, die eben dies dem Buch und seinem Autor vorgeworfen hat. Die Einlassung des zu demagogischen Zuspitzungen neigenden Gabriel ruft implizit zu dem auf, was er moralisch anzukreiden scheint. Dasselbe gilt für die »Hasstiraden«, die Sarrazin von den Grünen vorgeworfen wurden, während sie selbst ihm eine ganze Breitseite davon angedeihen ließen. Soviel zum Thema politischer Moral oder vielmehr der Ironie, die in allem öffentlichen Moralisieren steckt.

Dieselbe Ironie überkommt mich, wenn ich mir vorstelle, was hier eigentlich von Frau Merkel, Herrn Gabriel und Frau Künast angegriffen wird: Nicht die Meinungen »irregeleiterer Einzelner«, denen man das Kainsmal des »geistigen Brandstifters« auf die Stirn drückt, sondern – die Meinung der überwältigenden Mehrheit. Inzwischen weiß man, dass zwischen 80 und 90 Prozent der Bevölkerung die Ansichten Thilo Sarrazins teilen und ihm dafür dankbar sind, dass er sie laut ausspricht. Ich frage nun: Sind die genannten Politiker, die sich alle schmeicheln, zur Moralfraktion zu zählen, dazu bereit, die Konsequenz zu ziehen, dass nämlich eine große Mehrheit des Volkes unmoralisch denkt? Und wenn es stimmt, dass in einer Demokratie das Volk der Souverän ist, ist dann auch diese Mehrheitsentscheidung verbindlich, selbst wenn sie gegen die Moral verstößt?

Aber möglicherweise hat der Begriff »Moral«, so wie ihn unsere politisch überkorrekten Parteivorsitzenden gebrauchen, sehr wenig mit der wahren Moral, sehr viel aber mit der »Moralkeule« zu tun, die über jedem geschwungen wird, der sich dem Konsens einer steuergetragenen und durch Wahlen bestätigten Elite widersetzt. Wenn nämlich Moral mit dem Gewähren von Freiheit, auch Meinungsfreiheit, zusammenhängt, außerdem mit der Entschlossenheit, auch Andersdenkenden einen guten Willen zu unterstellen, und vor allem mit der Bereitschaft, nicht unnötig auf der Würde anderer herumzutrampeln, nur weil sie anders denken – wenn dem so sein sollte, dann sind, kurz gesagt, unsere politischen Wortführer sehr weit davon entfernt. Sie sind dann – um ein Lieblingswort von Jürgen Trittin zu verwenden, der es wissen muss – Zyniker, die sich ein moralisches Mäntelchen umhängen.

Als ich den Vorschlag formulierte, den unsicheren Euro zu verlassen und zur bewährten Währung D-Mark zurückzukehren, hat man nicht die Moralkeule herausgeholt, sondern die Folterwerkzeuge »Lächerlichkeit« und »mangelnde Kompetenz«. Nun haben mir aber die Reaktionen des Fernsehpublikums sowie die darauf folgenden Zuschriften gezeigt, dass mein Vorschlag in der Bevölkerung eine Mehrheit fände.

So mag man Henkel und Sarrazin als nicht ernstzunehmende oder moralisch verkommene Einzelgänger bezeichnen – die Mehrheit ist auf ihrer Seite. Aber was kümmert Politiker die Mehrheit; es kommt ja nur darauf an, im rechten Moment, nämlich vor den Wahlen, mittels geschickter Schachzüge, die den Gegner mattsetzen, die nötigen Stimmen zu gewinnen. Ob diese hinterher auch wirklich im Parlament Gehör finden oder nicht doch nur als »Stimmvieh« benutzt und schnell vergessen werden, ist eine ganz andere Frage.

Im Gegensatz zu den meisten unserer politischen Moralkeulenapostel habe ich Thilo Sarrazins Buch gelesen. Es ist angenehm nüchtern verfasst, eher ein Fach- als ein Sachbuch; es hat auch keinen Schaum vor dem Mund wie seine Kritiker, und es stellt Statistiken nebeneinander, die ihren Aussagewert haben. Sarrazin zieht seine Schlüsse daraus und lässt offen, ob man nicht auch zu anderen Schlüssen kommen könnte.

Bemerkenswert erschien mir die Stellungnahme der Professoren Heiner Rindermann und Detlef Rost, zweier renommierter Bildungs- und Intelligenzforscher, denen die allgemeine Erregung nicht nachvollziehbar ist. Sie bestätigen dem Autor nämlich, dass seine Thesen im Wesentlichen »mit dem Kenntnisstand der modernen psychologischen Forschung vereinbar« sind. Insgesamt sehen sie in Sarrazins Buch »eine Art bürgerlicher Kampfschrift für Stabilität und Disziplin, Eigenverantwortung und Leistungsprinzip. Realismus und Pragmatismus, Erziehung und Fleiß«. Wer wollte das nicht unterschreiben?

Dagegen lässt sich die hektische Reaktion einer Angela Merkel, die es für angemessen hält, zugleich den Bundespräsidenten und den Bundesbankpräsidenten wie Schuljungen vorzuführen, und eines Sigmar Gabriel, der eine Entrüstungsmiene aufsetzt, wie man sie sonst nur vom Gewerkschaftsboss Sommer kennt, aus der Aufregung über Sarrazins Buch nicht hinreichend erklären. Wenn ich sonst gern das Wortspiel gebrauche, »Politiker sagen nicht das, worauf es ankommt, sondern was ankommt«, scheint die Faustregel hier außer Kraft gesetzt. Während ihnen sonst kein populistischer Effekt zu billig ist, scheuen sie hier die Mehrheitsmeinung wie der Teufel das Weihwasser.

Es müssen da tiefsitzende Ängste am Werk sein, etwa vor zu viel Einfluss des Volkes auf die Demokratie oder vor den gestrengen Augen, die angeblich aus dem Ausland auf uns gerichtet sind – Ängste im Zusammenhang mit der immerwährenden Hypothek der Nazizeit, die deutsche Politiker immer noch befangen macht und davon abhält, die Interessen ihres Volkes gegenüber dem Ausland so zu vertreten, wie es weltweit üblich ist. Meiner Meinung nach verträgt sich das schlecht mit der Amtsethik eines Politikers, der seinen Wählern verantwortlich ist und niemandem sonst.

Ob es mit der Angst vor dem Ausland zusammenhing, dass Angela Merkel im Februar 2009 den Papst angriff? Nachdem Benedikt XVI. die Exkommunikation gegen einige erzkonservative Priester aufgehoben hatte, wurde publik gemacht, dass es sich bei einem von ihnen, Richard Williamson, um einen Holocaust-Leugner handelte. Das hatte der Papst nicht gewusst, der im Übrigen so weit vom Antisemitismus entfernt ist wie ich oder Frau Merkel. Diese aber reagierte blitzartig und in einer

Schärfe, die selbst die Presse überraschte. Der Papst, so verkündete sie, müsse »sehr eindeutig erklären«, dass es keine Leugnung des Holocaust geben dürfe. Außerdem müsse er deutlich machen, dass es »einen positiven Umgang mit dem Judentum insgesamt« zu geben habe. »Klarstellungen« päpstlicherseits seien also erforderlich.

Nun muss man nicht katholisch erzogen sein, wie ich es bin, um die besondere Rolle zu kennen, die der Papst für eine Milliarde Katholiken einnimmt. Als »Heiliger Vater« und »Nachfolger Petri« verdient er auch von Andersgläubigen den Respekt, den man religiösen Oberhäuptern entgegenbringt – schon, weil man durch Grobheit all jene mitkränkt, die zu ihm ein ehrfurchtsvolles Verhältnis haben. Was Angela Merkel sich da erlaubte, war ziemlich beispiellos, zumal für eine Christin, und wenn man es gut mit ihr meint, nennt man es »nassforsch«. Die Anmaßung jedenfalls, die aus ihren Forderungen sprach, lässt sich nur mit einem Mangel an Takt, Feingefühl, ich würde sogar hinzufügen: einem Mangel an Toleranz erklären.

Was sie von Benedikt XVI. kategorisch einforderte, setzte die Unterstellung voraus, dass es für ihn durchaus nicht selbstverständlich sei, kein Antisemit zu sein. Sie zwang ihn, sich von einem beleidigenden Verdacht reinzuwaschen – sozusagen von ihr die »Absolution« zu erhalten –, den sie als oberste moralische Instanz ausgesprochen hatte. Kraft welchen Amtes eigentlich? Haben Millionen Christen, darunter viele Katholiken, sie gewählt, damit sie dem Papst vors Schienbein tritt?

Mir bleibt es ein Rätsel, warum sie gerade in diesem Punkt immer so unglaublich schnell vorprescht und Reflex anstelle von Reflexion setzt. Ihr hohes Amt verbietet eigentlich derlei Spontankundgebungen. Manchmal frage ich mich ernsthaft, ob sie jemanden hat, der ihr derlei einflüstert, einen Berater in Fragen der *Political Correctness* etwa oder eine innere Stimme wie das »Daimonion« des Sokrates? Im Fall Angela Merkel empfiehlt diese Stimme regelmäßig, das eigene Volk zu deckeln, ihm seine irreversible Schuld einzubläuen und dies blitzartig mit jenem groben Instrument, das Walser so schön auf den Begriff gebracht hat.

Übrigens wundern sich Politiker und Meinungsführer anderer Länder, mit denen ich gelegentlich zusammenkomme, warum die Deutschen nach wie vor unter einem solchen Schuldkomplex, gepaart mit einem Mangel an Selbstbewusstsein, leiden. Es ist also nicht das Ausland, das uns diese Befangenheit aufzwingt, und die Moral erst recht nicht, die jedem Menschen seine Würde und Freiheit zuspricht – es sind unsere Politiker, die im Ausland unter dem alten Musterknabenkomplex leiden und im Inneren unter ihren linken Scheuklappen.

Und was sie hauptsächlich antreibt, sind nicht moralische Prinzipien, sondern der Trend des Tages, der von den Massenmedien mundgerecht vorgegeben wird. Die deutsche Politikerklasse, um Sarrazins Buch *Deutschland schafft sich ab* zu zitieren, lässt sich »ihre Haltung zu Migrationsfragen weitgehend von Stimmen aus den Medien diktieren. Sie läuft damit Gefahr, sich sowohl vom Kern der Probleme als auch vom Volk zu entfernen«. Nicht nur die Haltung zu Migrationsfragen, möchte ich hinzufügen. Die Ironie will es, dass Sarrazin diesen Satz geschrieben hat, bevor er noch ahnen konnte, welche Sturmflut an Schmähungen aus dieser Ecke über ihn hereinbrechen würde.

Schmähungen übrigens, die sich alle verräterisch gegen jene wenden, die sie aussprechen, um sich vor irgendwem in ein vorteilhaftes Licht zu setzen; nur – vor wem? Vor der Mehrzahl der Wähler nicht, die anders als die institutionellen Moralisten denken. Gewiss auch vor der Moral nicht, die sich kaum durch Schmähungen wiederherstellen lässt. Ich fürchte, den kollektiven Entgleisungen der Politiker, die sich im Dutzend aufzählen ließen, liegt auch der archaische Reflex zugrunde, nur ja nicht gegen die angesagte Doktrin, das politisch Korrekte zu verstoßen, um sich nicht selbst aus der Gemeinschaft zu verstoßen – was prompt in diesem Fall eintritt: Die Gemeinschaft denkt anders als sie, und am Ende will sie diese Politiker auch nicht mehr.

Durch deren Reaktion dürften die Menschen in ihrem Andersdenken sogar noch bestärkt werden. Wenn Klaus Wowereit, der Thilo Sarrazin einst für den Bundesbankvorstand empfohlen hatte, diesem nun ein »menschenverachtendes Gesellschaftsbild« vorwirft, muss er sich doch fragen lassen, ob er nicht, zumindest was seinen einstigen Finanzsenator betrifft, selbst zur Menschenverachtung neigt. Auch die beiden Grünen-Chefinnen Renate Künast und Claudia Roth, die gern einen groben Keil einschlagen, wo gar kein grober Klotz vorhanden war, üben sich in politisch korrekter Menschenverachtung: So nennt ihn die Grünen-Vorsitzende Roth nicht nur einen »Quartalsirren«, sondern versichert auch, dass mit ihm »Gespräche nicht weiterhelfen«. Frau Künast, die ihn gern schnell abgeurteilt hätte, bezeichnet sein Verhalten als »menschlich schäbig«. Und wie soll man ihr eigenes Verhalten gegenüber Sarrazin nennen, den ich für einen Ehrenmann halte?

Auch die Linken-Geschäftsführerin Dagmar Enkelmann greift zum groben Keil, wenn sie etwa beklagt, dass man Sarrazin, statt ihn vor ein Gericht zu stellen – warum nicht ein Standgericht? –, mit »Samthandschuhen« anfasse. Und Thomas de Maizière, der sonst so Besonnene, will seine Rolle als »His Mistress' Voice« besonders überzeugend spielen und schlägt zu, was das Zeug hält. Im *Morgenmagazin* nimmt er das Brandwort des Zentralkomitees der deutschen Katholiken auf, wonach Sarrazin »geistige Brandstiftung« betreibe, und verleiht ihm Anschaulichkeit, indem er ihm vorwirft, er lege »eine Fackel an einen Heuhaufen«. Hieß das, dass de Maizière die Brände schon über Kreuzberg aufflammen sah – oder dass er nur etwas dramatisieren wollte, was sich zur Dramatisierung nun einmal nicht eignete, es sei denn, man wollte selbst zum Brandstifter werden?

Deutschland hat bekanntlich nach 1945 feierlich dem »Sonderweg« abgeschworen, den es ein paar Generationen lang gegangen war. Wenn ich unsere Einstellung zur Meinungsfreiheit mit der anderer Staaten vergleiche, die ich sehr gut kenne, muss ich leider feststellen, dass das Land in diesem Punkt immer noch einen Sonderweg beschreitet. Ob die USA oder England, Frankreich oder die Schweiz – überall nutzen die Menschen das Privileg, kein Blatt vor den Mund nehmen zu müssen. In unserer Maulkorb-Republik dagegen tut man das, und wenn man einmal darauf verzichten zu können glaubt, darf man sicher sein, dass ein hilfreicher Mensch aus Medien oder Politik einem assistierend zur Seite tritt und das nötige Blatt, sprich: den Maulkorb, vor den Mund hält.

Der bekannte Schweizer Journalist und Chefredakteur der Züricher *Weltwoche*, Roger Köppel, hat Anfang September 2010 der *FAZ* seine Beobachtungen zum Fall Sarrazin mitgeteilt. Bei dem ganzen Vorgang hätten ihn nicht einmal so sehr die »gehässigen Äußerungen Michel Friedmans oder das absonderliche Bildschirmtribunal des Reinhold Beckmann« erstaunt, sondern »die Stellungnahmen der Kanzlerin, des Bundespräsidenten und der Minister Westerwelle, Schäuble und zu Guttenberg. Sie alle forderten mehr oder minder direkt die unehrenhafte Entfernung Sarrazins aus seinem Posten«.

Auch mir ist aufgefallen, dass die Auseinandersetzung gerade in den Öffentlich-Rechtlichen auf äußerst einseitige Weise behandelt wurde. Ob Beckmann, Kerner oder Plasberg, jeder hat sich nach Kräften bemüht, den Geist, den Sarrazin freigesetzt hatte, wieder in die Flasche der politischen Korrektheit zurückzuzwingen. Aus dem Fall Sarrazin sollte schnellstmöglich der Fall Sarrazins werden.

Dafür warf man selbstverständlich sämtliche Regeln fairer Berichterstattung und ausgeglichener Besetzung der Talkrunden über Bord. Der Eindruck, Sarrazins Buch enthalte ernstzunehmende Thesen, sollte gar nicht erst aufkommen. Da ich die meinungsbildenden Prozeduren der Talkshows ganz gut kenne, musste ich mehrmals über die Manipulationen lachen, die bei der Auswahl der Gäste oder der »Stimmen aus dem Publikum« vorgenommen wurden. Selbst der Applaus schien gesteuert. Mit journalistischer Freiheit hatte das so wenig zu tun wie Merkels Intervention mit Moral. Lachen musste ich auch darüber, dass zur gleichen Zeit, als man die Fairness der Presse den politischen Wünschbarkeiten opferte, von der Bundesregierung ein Gesetzentwurf »zur Stärkung der Pressefreiheit« eingebracht wurde.

Anfang September ist Thilo Sarrazin von seinem Amt als Bundesbanker zurückgetreten – leider, wie ich hinzufügen muss. Er war nämlich ein guter Bundesbanker und hätte, so mutig, unabhängig, akribisch und selbstbewusst, wie ich ihn kannte, noch viel positiven Einfluss ausüben können, wenn er sich nicht allzusehr auf die Integrationsthematik festgelegt hätte. Das war nun einmal seine »offene Flanke«. Hätte ich beispielsweise in meiner Zeit als IBM-Chef einen Vorstand gehabt, der in seiner Freizeit ein Buch über ein politisches Thema verfasst und seine ganze Energie für Interviews, Talkshows und Lesungen aufgewandt hätte, wäre ich irgendwann an den Punkt gekommen, wo ich ihm gesagt hätte, er solle jetzt mal damit aufhören und Prioritäten setzen.

Das habe ich Thilo Sarrazin am Telefon gesagt, und ich hatte den Eindruck, dass er das im Grunde auch so sah. Aber hatte nicht der Bundesbankpräsident ihm schon zuvor seine wichtigsten Aufgaben entzogen? Als Sarrazin seine Entscheidung während einer Lesung in Potsdam bekanntgab, legte er großen Wert auf die Reihenfolge der Schritte, die zu seinem Entschluss geführt hatten. Zuerst hat die Bundesbank alle ihre Vorwürfe gegen ihn zurückgenommen, die sie im Zusammenhang seines Buches seitenlang aufgestellt hatte, damit der Bundespräsident ihn entlassen konnte, und dann hat die Bundesbank eben dieses Gesuch beim Bundespräsidenten zurückgezogen. Erst danach war er zum freiwilligen Abgang bereit.

Während des qualvollen Prozesses, bei dem die Bundesbank sich seiner zu entledigen suchte, hatte er mich auf Sylt angerufen, wo ich gerade in einer Buchhandlung aus meinem Buch *Die Abwracker* gelesen hatte. Als treuer Staatsdiener und verantwortungsbewusster Staatsbürger, so sagte er mir, könne er sich kaum vorstellen, gegen den Beschluss des Bundespräsidenten zu klagen.

Er ist dann kampflos zurückgetreten, zweifellos um die Konfrontation mit dem Staatsoberhaupt zu vermeiden, obwohl, wie ich hinzufügen muss, seine Chancen auf einen juristischen Sieg sehr gut gestanden hatten. Aber er zog es vor, in einer noblen Geste, die in der Öffentlichkeit als solche gar nicht begriffen wurde, den Bundespräsidenten zu schonen. Für mich ist und bleibt Thilo Sarrazin, der von der politischen Klasse und den Medien buchstäblich zur Strecke gebracht wurde, ein Ehrenmann. Übrigens konnte ich förmlich hören, welch schwerer Stein Christian Wulff vom Herzen fiel – so weit entfernt vom Schloss Bellevue wohne ich ja nicht.

Irgendwie scheint die Diskussion um Thilo Sarrazin den neuen Bundespräsidenten ermutigt zu haben, nachträglich selbst einen Beitrag zu leisten und seine Gedanken nicht länger für sich zu behalten. Ausgerechnet zum 20. Jahrestag der deutschen Einheit am 3. Oktober 2010 teilte er seinen verblüfften Bürgern mit, dass nun auch der Islam zu Deutschland gehöre. Das Christentum gehöre *zweifelsfrei* zu Deutschland, sagte er, als hätte er soeben letzte Zweifel in sich niedergerungen, und auch das Judentum gehöre dazu. Dann aber folgte der entscheidende Satz, der tagelang für Diskussionsstoff sorgte und teilweise zu wütenden Protesten führte: »Aber der Islam gehört inzwischen auch zu Deutschland.« Vielleicht hat er nicht bedacht, dass damit im Umkehrschluss auch Deutschland, zumindest teilweise, dem Islam gehört.

In der Folge seiner Rede, bei der er sich, von Begeisterung getragen, als »Bundespräsident aller, die in Deutschland leben«, outete, was sein Amt nun wirklich nicht hergibt, kam es in der Öffentlichkeit zu einer auffallend kritischeren Bewertung des Islams. Wulffs Schuss war nach hinten losgegangen. So stellte man fest, dass der Islam in vielen Punkten, und nicht nur bei der Benachteiligung der Frau und der Rechtsauffassung der Scharia, mit unserer Verfassung kollidiert; man stellte auch fest, dass diese Inkompatibilität ganz unabhängig von Extremismus und Terrorismus in vielen gläubigen Muslimen existiert. Im gleichen Maß, wie man über Christian Wulff den Kopf schüttelte – die *FAZ* erklärte die neue Freundschaft zwischen ihm und dem türkischen Staatschef Erdogan mit dem Satz: »Beide kämpfen für Muslime« –, gewann der zuvor geächtete Sarrazin auch in den Medien neue Freunde. Mir schien es, als hätten sich seine Kritiker doch noch herabgelassen, sein Buch durchzulesen, und dabei entdeckt, dass sie Wahnvorstellungen aufgesessen waren.

Inmitten all der Konfusion um seine missverstandenen Thesen ist auch eine andere noble Geste festzuhalten: Hamburgs ehemaliger Bürgermeister Klaus von Dohnanyi hat sich – wie übrigens auch Henryk M. Broder, Ralph Giordano, Necla Kelek und meine Wenigkeit – sofort auf die Seite des öffentlich Gedemütigten gestellt und ihm angeboten, in dem bevorstehenden SPD-Parteiausschlussverfahren seine Verteidigung zu übernehmen. Schon immer habe ich diesen freiheitsliebenden Grandseigneur bewundert, der ähnlich wie sein Parteigenosse Helmut Schmidt, aber ohne dessen Schnoddrigkeit, für die Ideale unsere Demokratie, vor allem aber die Meinungsfreiheit eingetreten ist.

Wie er nun Sarrazin zur Seite trat, obwohl er damit den Unwillen der SPD auf sich zog, hat er auch mir 1998 in einer vergleichbaren Situation geholfen. Als BDI-Präsident, der an der Reformunfähigkeit unserer Gesellschaft verzweifelte, hatte ich gewagt, eine gründliche Erneuerung des politischen Entscheidungssystems vorzuschlagen, das ganz einfach schneller und effektiver sein musste, um auf Herausforderungen reagieren zu können. Da für dieses Ziel eine Grundgesetzänderung nötig gewesen wäre, erging es mir ähnlich wie Thilo Sarrazin; nicht in derselben Heftigkeit und publizistischen Breite, die ich eher mit einer schweren See als mit einem Tsunami vergleichen würde, aber massiv genug, um mich im Innersten zu treffen – worauf bei derlei Treibjagden ja abgezielt wird.

Wortführer der moralischen Keulenriege war in diesem Fall Heribert Prantl von der *Süddeutschen Zeitung*, der in einem Leitartikel »Der Staat als Beute« über mich herzog, indem er behauptete, der Industriepräsident habe sozusagen seine Krallen in Richtung Staat ausgefahren, dessen Grundgesetz er außer Kraft zu setzen suche. Dabei hatte ich das Gegenteil im Sinn, nämlich den selbstblockierten Staat wieder handlungsfähig zu machen. Und Prantl, der mich überfiel »wie Ziethen aus dem Busch«, besaß noch die Stirn, am Schluss seines Textes auf den Grundgesetzartikel 20, Absatz 4 zu verweisen, der es jedem Deutschen erlaubt, Widerstand zu leisten, wenn jemand die Verfassungsordnung beseitigen will, was bekanntlich auf die Legitimation des Tyrannenmordes hinausläuft. Gegen die hatte ich gar nichts, sehr wohl aber dagegen, dass Herr Prantl dieses Recht gegen mich in Stellung zu bringen schien.

Die *Süddeutsche*-Attacke wurde zu meiner ersten persönlichen Erfahrung mit dem Maulkorb. Als überführter Verfassungsfrevler sollte ich ihn hinfort tragen, wenn mir mein ruhiges Leben lieb war. Bald schlossen sich Prantl andere an, darunter auch Unternehmensführer, die Freude daran fanden, mich niederzumachen, als hätte ich ernsthaft das Grundgesetz angegriffen oder, wie es so schön heißt, den Boden des Grundgesetzes verlassen. Ich fühlte mich wie auf einer Folterbank, wo es jedem erlaubt war, mich mit dem glühenden Eisen der moralischen Überlegenheit zu zwicken.

In dieser Situation meldete sich völlig überraschend der SPD-Mann Klaus von Dohnanyi zu Wort, griff in die Debatte ein und nahm nicht nur mich und meinen Beitrag in Schutz, sondern auch das Grundrecht der freien Meinungsäußerung, das man mir soeben kollektiv aberkannt hatte. Dieser Beitrag hat der publizistischen Kampagne, die gegen mich lief, die Spitze genommen. Wirklich fühlte ich mich wie einer, der einer Verfolgung entkommen und wie durch ein Wunder vom drohenden Pariadasein gerettet war. Noch heute bin ich diesem unabhängigen Mann dafür dankbar.

Während der »Sarrazin-Krise« sprach ich mit Dohnanyi darüber, warum die SPD einen ihrer Genossen niedermachte, obwohl er offenbar die Mehrheit auch der eigenen Wähler auf seiner Seite hat. Dohnanyi meinte, das könne unter anderem auch mit Sarrazins These zusammenhängen, wonach Menschen genetisch determiniert und damit großenteils der Erziehung entzogen seien. Dagegen stehe für einige Altlinke der uralte sozialistische Glaubenssatz, dass das Wesen der Menschen nicht vorgegeben sei, sondern politisch erzogen und nach gewissen Idealen geformt werden könne – man erinnere sich an die von der SPD angestrebte »Lufthoheit über den Kinderbetten«.

Diese Überzeugung, nicht nur die Welt, sondern auch den Menschen ändern zu können, bildet nach meiner Meinung die Grundlage jedes Sozialismus, ob er nun demokratisch, stalinistisch oder nationalsozialistisch geprägt sei, und wer dem widerspricht, wird mit Bann belegt. Alle totalitären Regime wollten den »neuen Menschen« formen, wobei sie in Kauf nahmen, dass der »alte« dabei zugrunde ging.

Ungefähr zur selben Zeit, als Thilo Sarrazin seinen Rückritt als Bundesbankvorstand bekanntgab, zog der Schweizer Journalist Roger Köppel in seinem *FAZ*-Beitrag den deprimierenden Schluss: »Ja, man darf seine Meinung äußern in Deutschland. Aber wer eine Meinung äußert, die der Obrigkeit nicht genehm ist, der kann seinen Job verlieren und wird geächtet. Ihn trifft die geballte Ausgrenzungsmacht des Staates.«

Besonders fiel mir an dieser Wortmeldung des liberalen Nachbarn das Wort »Obrigkeit« auf. Natürlich würde es jeder der genannten Politiker weit von sich weisen, dem eigenen Selbstverständnis nach eine Obrigkeit zu sein. Doch ihr Verhalten gegenüber Sarrazin lässt sie genauso aussehen, wie man sich eine Obrigkeit vorstellt: Indem sie den Bürger zurechtweist und maßregelt, stutzt sie ihn auf Untertanenmaß zurecht. Willkommen also in der Untertanenrepublik, in der, wie Köppel resümiert, »die Politiker dem Volk misstrauen, von dem sie gewählt werden«.

Vielleicht wendet sich gerade das Blatt und das Volk beginnt den Politikern zu misstrauen, die mit seinem souveränen Willen nichts anzufangen wissen. Auch im Fall der Aufweichung der Stabilitätskriterien des Euro, die sich rückblickend als erster

Sündenfall der Währungsunion erweist, und der Einführung des Rettungsschirms, die den zweiten, noch gravierenderen Sündenfall darstellt, sind die verantwortlichen Politiker bewusst über Willen und Überzeugung ihres Volkes hinweggegangen.

Den politischen Reflex, all jenen einen Maulkorb zu verpassen, die derlei publik machen und es wagen, eine andere Meinung vorzutragen, habe ich auch im Fall Euro beobachten können. Die Bundesbank, die unabhängig von politischen Meinungen und Entscheidungen sein sollte, wurde immer wieder von der Regierung mit einem Maulkorb versehen. Sie votierte gegen den Euro und wurde zum Schweigen gebracht; sie brachte Einwände gegen die Währungsverschmelzung von Ost- und West-Mark vor und wurde ignoriert; sie votierte gegen den Kauf von griechischen Staatsanleihen und wurde überstimmt; und endlich im Fall Sarrazin hielten es Bundeskanzlerin und Bundespräsident für angemessen, die Bundesbank durch einen Wink mit dem Zaunpfahl zum Handeln zu zwingen.

Hinterher stellte sich sogar heraus, dass der Bundespräsident die Bedingungen Sarrazins für seinen Abgang als Bundesbanker akzeptiert hatte, ohne dass auch nur ein Vertreter der Bundesbank anwesend war. »Selbst der Pressetext, den die Bundesbank am nächsten Tag veröffentlichte«, so die *FAZ*, soll »in wesentlichen Teilen« vom Präsidialamt diktiert worden sein.

So desavouiert man Institutionen, deren Unabhängigkeit einem nicht in den Kram passt. Hätte man von Anfang an auf die Expertise dieser unabhängigen, der Geldwertstabilität verschriebenen Bank vertraut, müsste ich heute nicht über die Manipulationen mit dem Euro klagen, die ich offen als Euro-Betrug bezeichne. Aber man hat auch hier mit dem Maulkorb Politik gemacht, eine unbequeme Kontrollinstanz zur Seite gedrückt und den Wähler, der das, was nicht gesagt werden darf, auch nicht hören kann, hinters Licht geführt.

KAPITEL ZWEI

Aufstieg eines Markenzeichens

Für deutsche Finanzpolitiker ist die Erinnerung an die D-Mark mit Peinlichkeit verbunden: Man weiß sehr gut um ihre einstige Stärke, ihre Stabilität, ihr internationales Renommee und ihre Symbolkraft für ein geeintes Deutschland – und dennoch muss man die Überlegenheit des Euro anpreisen, der für eine neue Zeit, eine neue Wirtschaftsordnung und eine neue, weit umfassendere Einheit steht, die Europa heißt.

Das Heikle daran ist, dass man die Menschen, denen man diese revolutionäre Veränderung zumutete, vorher gar nicht gefragt hat – womit man ihnen deutlich vor Augen führte, dass sie mitnichten der Souverän sind, zu dem die Demokratie sie erhoben hat, sondern ein Volk inmitten einer wachsenden Zahl von mehr oder weniger vertrauten Völkern, deren Gemeinschaft man zwar nicht fühlen kann, die man dafür aber im Geldbeutel trägt: als Euro.

Damit hat ein neues Spiel begonnen, das mit dem alten Begriff von Demokratie und der Idee vom Volk als Souverän, der frei über das eigene Schicksal, die eigenen Gesetze, die eigene Politik bestimmen kann, nichts mehr zu tun hat. Es gab einmal ein Scherzwort: »Alles ist nun besser als früher, wir ziehen aber vor, dass es uns wieder gut geht.« Gewiss, es geht uns gut, aber damit es einem wirklich gut geht und nicht nur gemäß statistischen Erhebungen, muss man auch das Gefühl haben, über das, was entscheidend ist im Leben, mitbestimmen zu können.

So definiert sich Freiheit – doch über den Euro hat niemand mitbestimmt. Man fand ihn plötzlich im Portemonnaie, und alle Politiker versicherten uns, dass nun alles besser sei.

Die Überzeugung, dass die D-Mark sich zur europäischen Gemeinschaftswährung verhält wie etwa ein VW-Käfer Baujahr 1950 zur neuesten Luxuslimousine mit Hybridmotor, scheint in den Köpfen unserer Politiker fest verankert zu sein – obwohl eher das Gegenteil der Fall ist. Wenn nämlich ein ansonsten vernünftiger Mann wie Wolfgang Schäuble von »Unsinn« spricht, sobald man die D-Mark wieder ins Spiel bringt, drückt dies eine Verachtung aus, die offensichtlich nicht mehr wissen will, was diese Währung für unsere Nation einmal bedeutet hat, und die ebensowenig zur Kenntnis nimmt, was der Euro für uns nicht bedeutet und nie bedeuten wird.

Denn die D-Mark war mehr als ein Zahlungsmittel – sie war Symbol für die Einheit unseres Volkes. Im Gegensatz zu anderen großen Nationen wie Frankreich oder England hat Deutschland diese Einheit erst spät, nämlich im 19. Jahrhundert, gefunden. Die berüchtigte Kleinstaaterei, die zuvor geherrscht und das Land zum Provinzialismus verdammt hatte, drückte sich in einem verwirrenden Münzsystem aus, das ein Chaos an Währungszonen hervorbrachte und die Teilnahme am globalen Handel behinderte. Mit der Einigung des Reichs 1871 kam die Vereinheitlichung der Währung, die sogleich mit anderen Weltwährungen in erfolgreichen Wettbewerb trat.

Der Aufstieg Deutschlands zu einer führenden Wirtschaftsmacht ist untrennbar mit der Mark verbunden. Bis zum Ersten Weltkrieg verdreifachte sich die deutsche Industrieproduktion, das geeinte Reich zog im Welthandel mit dem Champion England gleich – um nach 1918 wieder auf null zurückgefahren zu werden. Die Weltwährung Reichsmark schrumpfte zum Monopolygeld zusammen. 1923 stieg die Geldmenge in Deutschland um das 309-Millionen-Fache an, nahm damit an Wert um das 309-Millionen-Fache ab. Deutschland, das sich aufs internationale Parkett gewagt hatte, war ausgeglitten und schwer auf die Nase gefallen. Die stolze Nation, die in Wirtschaft und Wissenschaft zum weltweiten Vorbild aufgestiegen war, hatte nicht einmal mehr genug zu essen.

Mein Großvater, der in Hamburg-Lemsahl lebte, zeigte mir gern seine kuriose Sammlung von Geldscheinen, die er in einer Zigarrenkiste aufbewahrte. Sie stammten, erklärte er mir, aus der »Inflationszeit«. Zwar wusste ich nicht, was das Wort bedeutete, aber nie wieder im Leben habe ich Summen gesehen, wie sie hier auf die riesigen bunten Scheine gedruckt waren: Millionen und Milliarden. Und lachend hatte Opa mir dazu erklärt, dass man etwa für den einen Schein – 10 Millionen Reichsmark – gerade einmal ein Brötchen hatte bekommen können. Man musste sich aber beeilen und möglichst zwei kaufen, denn wenn man später zur Bäckerei zurückkehrte, konnte es schon 100 Millionen kosten. »Und gab es genug Brötchen?«, fragte ich ihn. Lächelnd schüttelte er den Kopf: »Der Unterschied zwischen dem Krieg und der Nachkriegszeit bestand darin, dass wir nie genug zu essen hatten.« Eines verstand ich damals: Mit so vielen Nullen auf ihrem Geld waren die Menschen selbst zu Nullen geworden.

Heute gilt es als wissenschaftlich unbestritten, dass die Instabilität des Geldes, verbunden mit Armut und Arbeitslosigkeit, zur Zerrüttung der Weimarer Republik geführt hat. Geld war und ist nämlich mehr als ein Zahlungsmittel – es gibt Auskunft über den Zustand, in dem das eigene Land sich befindet. Hätte Deutschland noch an sich selbst und seine Volkswirtschaft geglaubt und sich nicht einem Heer von hungernden Arbeitslosen gegenübergesehen, wäre Hitler niemals an die Macht gekommen.

Nach dem Zweiten Weltkrieg wiederholte sich das Entwertungsszenario: Wie das Land selbst, so verlor auch das Geld seine Gültigkeit. Die fleißigen Sparer waren die großen Verlierer, denn ihre Guthaben wurden 10:1 abgewertet. Wer dagegen Immobilien und Sachwerte besaß, konnte sie – soweit sie von den Bomben verschont geblieben waren – ohne Abstriche behalten. Wer will, kann daraus eine Lehre für die Zukunft ziehen …

Übrigens gab es, wie ich mich gut erinnern kann, noch vor Einführung der D-Mark ein amerikanisches Besatzungsgeld im Format der Dollarscheine, auffallend bunt und für mich weit attraktiver als die alte Reichsmark, die schon vom Aussehen her billig und abgegriffen erschien. Am »Hitlergeld« ließ sich ablesen, wie dessen Großreich abgewirtschaftet hatte.

Das neue, in den USA gedruckte Geld gab es ab Juni 1948, da war ich acht Jahre alt. Da nur begrenzte Mengen zur Verfügung standen, gab es nicht mehr als 40 Mark »Kopfgeld«. Das hatten wir – meine Mutter und wir drei Geschwister – auch dringend nötig, denn alles, was unsere Familie je besessen und angespart hatte, war weg, das Haus zerbombt, fast der ganze Besitz verbrannt, der Vater in Ungarn gefallen. Ich sehe noch meine Mutter vor mir, wie sie das frisch gedruckte Geld nach Hause brachte und mit strahlender Miene auf dem Küchentisch ausbreitete – insgesamt 160 Mark, also 40 für jedes Familienmitglied. Wir fühlten uns wie beim Monopoly: Ein ganzes Volk war wieder auf »Los« geschickt.

Mein erstes Gehalt als Lehrling bei der Hamburger Spedition Kühne & Nagel betrug 1956 ganze 56 Mark im Monat, stieg aber rapide auf 80, im zweiten Jahr sogar auf 120 Mark an. Nie wieder haben mich beim Geldverdienen ähnliche Glücksgefühle beschlichen wie beim Öffnen meiner ersten Lohntüte – denn Lohn gab es noch in Tüten, was den Empfang zu einem ähnlichen Erlebnis machte wie das Auspacken eines Geschenks.

Man sah das Geld, befühlte es und – gab es gleich aus. Für immer wird die neugewonnene Sicherheit meines Lebens mit diesen schönen D-Mark-Scheinen verbunden bleiben, deren Design mir heute, vielleicht aus Nostalgie, viel gelungener erscheint als das der Euro-Scheine mit ihren nichtssagenden Gebäudefragmenten.

Unvergesslich ist mir auch jene wahre Geld-Überschwemmung geblieben, als meine Mutter das zerbombte Grundstück an der Rothenbaumchaussee verkaufte, auf dem noch die rauchgeschwärzte Ruine unseres Hauses stand. Sie bekam dafür 10.000 Mark in bar, und ich sehe sie heute noch vor mir, wie sie im Wohnzimmer vor diesem riesigen Geldhaufen saß und wir mit offenen Mündern um sie herum, weil wir so etwas noch nie zuvor gesehen hatten – auch später kam in meinem Leben dergleichen nicht mehr vor.

Ein Gefühl überwältigte mich damals, als ich am Tisch saß und vorsichtig die druckfrischen Scheine befühlte und beschnupperte: Jetzt sind wir reich, dachte ich, jetzt können wir uns alles kaufen! Zwar irrte ich mich, was das betraf, doch im Prinzip hatte ich Recht: Dank der harten Währung konnte man sich wieder alles kaufen, ohne fürchten zu müssen, dass einem wieder die Preise davonliefen.

Mutter hatte damals das Geld schon verplant: Nicht nur, um zwischen unserer Wohnung in der St. Benedictstraße und ihrem Papierwarengeschäft am Jungfernstieg pendeln zu können, sondern vor allem, um ihre Kunden besuchen zu können, kaufte sie sich einen nagelneuen Borgward Hansa 1500, einen der schicksten Mittelklassewagen, die über Deutschlands löcherigen Asphalt fuhren. Damals hätte ich mir nicht im Traum vorstellen können, dass die Straßen Hamburgs und Berlins im Jahr 2010 wieder mit ebenso vielen Schlaglöchern übersät sein würden wie Anfang der 50er Jahre.

Ich bin aufgewachsen mit der Mark, und ich fand es schön, dass es eine ausdrücklich »Deutsche« Mark war. Alle ökonomischen Fortschritte unseres Landes hingen unmittelbar mit ihr zusammen. Sie stellte zugleich die Wirklichkeit unseres neuen Wohlstands und dessen Symbol dar – gerade auch für unsere Nachbarn.

Die D-Mark wurde Deutschlands Markenzeichen, und schon bald nach ihrer Einführung stieg sie zu einer der härtesten Währungen der Welt auf. Dank Geldwertstabilität und wachsender Nachfrage war bald – unvorstellbar heute – Vollbeschäftigung erreicht, und hohe Handels- und Zahlungsbilanzüberschüsse schlugen sich in steigenden Devisenbeständen nieder. Weit entfernt davon, immer neue Schuldenberge aufzutürmen, erwirtschaftete die Bundesrepublik zwischen 1953 und 1957 Überschüsse, die angespart werden konnten – auch dies ist heute unvorstellbar. Die Liberalisierung des Handels- und Zahlungsverkehrs mit dem Ausland und der Start der Europäischen Wirtschaftsgemeinschaft EWG brachte den Deutschen 1958 endgültig die »goldenen Zeiten«, die als Wirtschaftswunder in die Geschichte eingegangen sind.

Als ich 1956 meine erste grenzüberschreitende Fahrradtour unternahm, die mich über Trier und Luxemburg nach Paris führte, musste ich zum ersten Mal Geld umtauschen. Und dabei fiel mir auf, wie reich ich doch war. Für ein paar deutsche Scheine erhielt ich massenhaft Francs, mit denen ich mir viel mehr kaufen konnte als zu Hause. Mein Geld, das wurde mir schnell klar, war im Ausland sehr viel mehr wert, das heißt, dass unser Land und seine Wirtschaft sich hoher Wertschätzung erfreuten. Man wird mir nachsehen, dass mich das mit nicht geringem Stolz erfüllte.

Als man uns bei der Einführung des Euro als dessen Hauptvorteil anpries, dass man künftig sein Geld nicht mehr umtauschen musste, verdrängte man, dass dieser Vorgang, so lästig er im Einzelnen sein mochte, die Überlegenheit unserer Währung in klingender Münze demonstriert hatte. Auch wenn noch die Schatten der Vergangenheit auf uns lagen – unser Geld war überall willkommen. Vor Einführung des Euro zahlten sich Urlaubsreisen in Europa immer aus, das heißt, man bekam alles zu Spottpreisen, und von Jahr zu Jahr stieg der Wert unseres Geldes weiter, bekam man beim Umtausch mehr Lire oder Peseten. Einmal war die Mark sogar stärker als der Schweizer Franken, man konnte ihn für 80 Pfennig kaufen. Allein zwischen 1972 und 1978 gab es im europäischen Wechselkursverbund insgesamt 17 Auf- und Abwertungen. Die D-Mark befand sich dabei stets auf der Aufwertungsseite, und an den Börsen gab es keinen Zweifel, dass die Deutsche Mark zur Leitwährung in Europa geworden war.

Für zig Millionen Deutsche wurde die D-Mark das Identifikationssymbol schlechthin, das den Wiederaufbau, das Wirtschaftswunder und die simple Tatsache verkörperte, dass Leistung sich lohnte. Und jene Deutschen, die das Pech hatten, mit der kümmerlichen Ost-Mark bezahlen zu müssen, träumten davon, irgendwann auch an diesem Markenzeichen teilhaben zu können, dem die ganze Welt Respekt zollte.

Ein Hauptvorteil der kontinuierlich steigenden D-Mark bestand natürlich in den ebenso kontinuierlich sinkenden Importkosten. Die Konsumenten konnten sich fast alles leisten, was der Weltmarkt ihnen anzubieten hatte, und die deutschen Unternehmen kauften ihre Rohstoffe oder Zulieferteile günstiger ein als etwa die Franzosen oder die Portugiesen. Jahrelang fand sich weltweit kein zweiter Markt, auf dem der Konsument über eine vergleichbare Kaufkraft verfügte wie der deutsche.

Für ausländische Firmen kam ein zusätzlicher Anreiz hinzu, ihre Waren auf diesen Vorzugsmarkt zuzuschneiden: Verkauften sie ihre Produkte in Deutschland und ließen sich mit deutscher Hartwährung bezahlen, konnten sie das Währungs-gefälle ausnutzen, also die erlösten Mark-Beträge in ihre heimische Währung umtauschen und zusätzlichen Gewinn einstreichen. Es war also extrem attraktiv, den deutschen Markt mit preisgünstigen Produkten zu beliefern, wodurch insgesamt gesehen der deutsche Normalverbraucher zum größten Profiteur der D-Mark wurde – wie er, umgekehrt, nach deren Abschaffung schon mittelfristig als europaweit größter Verlierer dasteht.

Als ich später bei der IBM internationale Führungspositionen übernahm, entdeckte ich, dass die Stärke der deutschen Währung auch eine Kehrseite aufwies. Während die Deutschen immer billiger importieren konnten und für ihre Urlaubsreisen immer weniger Geld ausgeben mussten, wurden die deutschen Produkte im Ausland immer teurer. Mit jeder Aufwertung der Mark war es schwieriger, die eigenen Waren jenseits der Grenzen abzusetzen. Als Chef der IBM Deutschland hatte ich schwer mit der Aufwertung der Mark sowie den hohen Lohnkosten zu kämpfen. Die in unserem Berliner Werk produzierten Schreibmaschinen etwa waren zu teuer geworden und deshalb im Ausland nicht mehr zu verkaufen, weshalb ich das Werk schließen musste. Das gleiche galt für die Speicherchips aus Sindelfingen oder die Speicher-Aggregate aus Mainz. Sie waren alle wegen des hohen D-Mark-Kurses zu teuer geworden, und unsere drei Werke mussten geschlossen werden. Hatte die IBM 1985 noch 6 000 deutsche Mitarbeiter in der Produktion, so hat sie heute keine mehr.

Weil die deutschen Waren immer teurer wurden und man die Produktion noch nicht so leicht ins kostengünstigere Ausland verlagern konnte – der Osten lag hinter der Mauer, der Ferne Osten war wirklich noch sehr fern –, entstand in der deutschen Industrie ein vorher nie gekannter Innovationsdruck: Da unsere Produkte für ausländische Kunden immer teurer wurden, musste das durch höhere Qualität und technischen Fortschritt ausgeglichen werden. Zusätzlich ließen sich die Exportpreise dadurch senken, dass man Kosten einsparte, also mit weniger Mitarbeitern mehr produzierte. Was heute von vielen Politikern als gesellschaftpolitischer Skandal angeprangert wird, ist doch nur unmittelbare Konsequenz des Preisdrucks, der auf dem internationalen Markt herrscht.

Jahrzehntelang galt die deutsche Wirtschaft als eine der produktivsten und effizientesten der Welt. Unser Marktanteil in der späteren Euro-Zone war damals höher als heute! Kaum einer weiß noch, dass diese erstaunliche Leistungsfähigkeit durch den enormen Druck bewirkt wurde, der wegen der ständigen Aufwertung der D-Mark auf unserer Industrie lastete. Diesen Währungsnachteil wusste sie durch Einfallsreichtum und einen Qualitätsstandard auszugleichen, um den uns die Welt beneidete. Die D-Mark stand also nicht nur für den Erfolg unserer Wirtschaft, sie löste ihn ursächlich mit aus.

Doch schafft der Erfolg des einen bei den anderen Unbehagen. Auf dem Gipfel von Den Haag 1969 plädierten der französische Präsident Georges Pompidou und Bundeskanzler Willy Brandt für eine europäische Wirtschafts- und Währungsunion. Im Jahr darauf ließ der damalige französische Finanzminister Valéry Giscard d'Estaing als Vorsitzender einer entsprechenden Arbeitsgruppe keinen Zweifel daran, dass seiner Meinung nach am Schluss der Entwicklung eine gemeinsame europäische Währung stehen solle. Der Weg zur Abschaffung der Mark war damit eingeschlagen, und Jahre später konnte Giscard d'Estaing, nun selbst Staatspräsident, zusammen mit Helmut Schmidt die nächsten Schritte beschließen. Was allerdings langfristig damit ausgelöst wurde, dürfte keinem der dafür verantwortlichen deutschen Politiker klar gewesen sein. Mir auch nicht.

Dagegen mussten jene europäischen Politiker, die sich für die Abschaffung der D-Mark einsetzten, durchaus geahnt haben, dass man damit den Deutschen ihre ungeliebte Wirtschaftsdominanz und zugleich ihr geliebtes Markenzeichen wegnahm – wobei in der Wirtschaft seit langem bekannt ist, dass der bedeutendste Wert, den ein Unternehmen aufzuweisen hat, nicht in seinen Produktionsanlagen, sondern seinem Markenzeichen besteht. Fabriken lassen sich ersetzen, Markenzeichen nicht.

Kurioserweise konnten die Deutschen nicht von ihrer D-Mark lassen – nach Aussagen der Bundesbank waren Ende 2009 immer noch 13,6 Milliarden »im Umlauf«. Laut einer Emnid-Umfrage vom Mai 2010 sehnt sich eine Mehrheit nach ihrer alten Währung. »Über 60 Prozent der Deutschen«, sagte Klaus-Peter Schöppner der *Bild*-Zeitung, »wollen als Ergebnis der Finanzkrise die D-Mark wieder zurück«. Entsprechend nimmt die Zustimmung zum Euro ab. Bei einer Befragung durch den German Marshall Fund ergab sich, so die *FAZ* Mitte September 2010, dass sich »die Einstellung zur Gemeinschaftswährung von der zum EU-Binnenmarkt löst«. Und »53 Prozent der befragten Deutschen gaben an, dass der Euro für die deutsche Wirtschaft schlecht sei«.

Wenn man sich vorstellt, dass noch Milliarden D-Mark im Umlauf sind, stellt sich doch die Frage, wo die eigentlich stecken. Bekanntlich verliert ja die D-Mark ihren Wert nicht, man kann sie immer noch umtauschen. Auch gibt es, obwohl wir längst die EZB haben, immer noch die Nachfolger der ehemaligen Landeszentralbanken, als verfügten wir noch über eine eigene Währung. Ich habe das Fortbestehen dieser regionalen Dependancen der Bundesbank mit ihren Tausenden von Mitarbeitern häufig kritisiert, doch es gibt diese teilweise überflüssigen Beamten und Angestellten immer noch, wenn sie auch seit 2002 in »Verwaltungsuntergliederungen« der Bundesbank arbeiten. Heute denke ich übrigens anders darüber: Es ist gut, dass es sie noch gibt. Wir werden die Bundesbank und ihre fast 10.000 Fachleute vermutlich bald wieder brauchen …

Auch ich selbst habe noch eine gewohnheitsmäßige, vielleicht sogar liebevolle Beziehung zur D-Mark. Größere Beträge rechne ich automatisch in die alte Währung um, wobei übrigens der gefühlte Eindruck, der Euro sei ein Teuro, an der Wirklichkeit vorbeiging: Die D-Mark litt sogar unter höherer Inflation als der Euro. Dennoch bin ich, rein gefühlsmäßig, bis heute der D-Mark treu geblieben. Laut *Spiegel Online* vom Juni 2010 geht es vielen Deutschen so: »Das Bangen um den Euro bringt ein Gefühl zurück, das schon erloschen schien: die Liebe zur D-Mark«, hieß es in dem Artikel, in dem Befragte über ihre gehorteten Restbestände plauderten – und manche spekulierten »sogar über ihre Wiedereinführung«.

Mir persönlich hatte es besonders ein Ein-Mark-Stück angetan: Die silberglänzende Münze mit der großen, von Eichenblättern umrahmten Eins und dem Bundesadler auf der Rückseite lag immer in meinem Geldbeutel. Geprägt worden war mein Währungssouvenir im Jahr 1950, also gehörte es zur ersten Generation und hatte, wie ich selbst, das gesamte Wirtschaftswunder miterlebt.

Praktisch war das Markstück, weil es als Pfandmünze in die Einkaufswägen von Supermärkten passte. Nebenbei bemerkt, gab es bei uns sogar einmal einen Pfandmünzen-Skandal, als FDP-Mann Jürgen Möllemann 1992, damals Finanzminister, den Handelsketten einen besonderen Pfandchip empfahl, der von der Firma eines Verwandten vertrieben wurde. Möllemann musste damals zurücktreten. Sinnvoll ist eine solche Spezialmünze deshalb, weil man das passende echte Geldstück oft nicht parat hat. Da ich meine antike Mark nicht ausgeben konnte, lag sie also immer bereit und erinnerte mich daran, wie wir zu dem geworden waren, was wir sind. Darüber hinaus erwies sich die alte Mark als Universalpfand, da sie immer noch, so wie die Ein-Euro-Münze, in sämtliche deutsche Einkaufswägen passt.

Leider ist sie mir vor kurzem abhanden gekommen. Wir hatten in unserer Berliner Wohnung einen Einbruch, und mit meinem Portemonnaie verschwand auch die bewährte Münze. Für den unwahrscheinlichen Fall, dass der Dieb diese Zeilen liest, möchte ich ihn freundlich bitten, mir meine D-Mark wiederzugeben.

KAPITEL DREI

D-Mark-Dämmerung

Dass die D-Mark, um es deutlich auszudrücken, »abge-wrackt« wurde, entsprach weder dem Wunsch der Deutschen noch dem ihrer Politiker – letztere ließen sich dazu breit-schlagen, wie ich es nennen würde, erstere wurden bekannt-lich gar nicht gefragt. Heute gibt es zwei Erklärungen, warum Kanzler Helmut Kohl sich zu diesem gravierenden Einschnitt, diesem epochalen Paradigmenwechsel, entschloss. Beide Er-klärungen laufen übrigens auf das Gleiche hinaus: Kohl hat die D-Mark als das benutzt, was sie von Anfang an war, als Zahlungsmittel.

Der Unterschied bestand darin, dass man seit der Währungs-reform mit einzelnen Beträgen in dieser Währung bezahlt hat; Kohl dagegen nahm die Währung selbst als Zahlungsmittel: einmal, wie es heisst, für die europäische Einigung, die ihm am Herzen lag, dann auch für die deutsche Einheit, die sich als ein-malige Chance anbot. Zum Glück hat man dem Kanzler die Rechnungen unter dem Tisch zugeschoben, denn wäre das auf den Tisch gekommen, was man ihm geheimdiplomatisch abge-trotzt hatte, hätten sich die Deutschen die Augen gerieben.

Der Vorgang, der auch heute noch ziemlich abenteuerlich klingt, hat wirklich stattgefunden: Unsere Nachbarn haben uns dafür bezahlen lassen, dass wir das bekamen, was eigentlich je-dem Volk gratis zustehen sollte, die freiheitliche Selbstbestim-mung. Und sie haben sich geweigert, dem hohen Preis, den wir zu entrichten hatten, ein politisches Rahmenwerk mitzugeben, das vor Entwertung und sonstigem Schindluder schützt.

Im August 2010 hielt der angesehene Historiker Heinrich August Winkler, ehemals Professor für Neueste Geschichte an der Humboldt-Universität Berlin und nach wie vor SPD-Mitglied, anlässlich der Übernahme der EU-Ratspräsidentschaft durch Belgien einen Vortrag zu diesem Thema. »Die Vorgeschichte der derzeitigen europäischen Krise, der politischen wie der monetären«, sagte Winkler, »reicht bis ins Epochenjahr 1989/90 zurück. Der Fall der Berliner Mauer brachte überraschend die deutsche Frage wieder auf die Tagesordnung der Weltpolitik. Für den wichtigsten europäischen Partner der Bundesrepublik, Frankreich, war das Ja zur deutschen Einheit alles andere als selbstverständlich. Der französische Staatspräsident François Mitterrand sah die Gefahr, dass sich die Europäische Gemeinschaft nach einer Wiedervereinigung Deutschlands in eine DM-Zone verwandeln würde, was eine deutsche Hegemonie über den Kontinent bedeutet hätte. Wenn die Deutsche Mark dagegen in einer europäischen Währungseinheit aufging, ließ sich nach Mitterrands Überzeugung diese Gefahr bannen. Deshalb kam alles auf die rasche Bildung einer europäischen Wirtschafts- und Währungsunion an.«

Noch kurz vor der Maueröffnung 1989, so erinnere ich mich, hatte Präsident Mitterrand das angeschlagene Honecker-Regime durch einen Staatsbesuch gestärkt und dabei ausgedrückt, dass er gegen die deutsche Einheit nichts einzuwenden habe, vorausgesetzt, sie vollziehe sich im Rahmen einer europäischen Neuordnung. Das konnte alles oder nichts bedeuten. Mir kam es vor, als liebte er Deutschland so sehr, dass ihm zwei davon allemal lieber waren als nur eines. Heute sage ich, dass ich den Euro so sehr liebe, dass ich mir zwei unterschiedliche Euros wünsche. Vermutlich hatte sich Mitterrand damals zu alldem auch noch ein falsches Bild der untergangsgeweihten DDR vorgaukeln lassen, die sich Besuchern gern als ein neu gestrichenes Potemkinsches Dorf präsentierte.

Sollte Mitterrand tatsächlich gesagt haben, dass sich durch die Wiedervereinigung eine deutsche Hegemonie ergeben könnte, würde sich die Einführung des Euro einer krassen Fehlprognose des Franzosen verdanken: Die Wiedervereinigung führte mitnichten zu einer deutschen Vormachtstellung in Europa, sondern im Gegenteil bedeutete die Übernahme des bankrotten DDR-Staates und seiner schrottreifen Wirtschaft zunächst eine Schwächung und große finanzielle Belastung unseres Landes. Das Schreckbild einer »deutschen Hegemonie« sollte nicht Wirklichkeit werden, und ich füge hinzu, dass selbst dann, wenn alles in der DDR in der guten Ordnung gewesen wäre, die uns vorgespiegelt wurde, keine deutsche Regierung, gleich welcher Couleur, eine solche Stellung jemals angestrebt hätte. Unseren französischen Freunden dagegen, zumal in Gestalt von Präsident Sarkozy, scheint diese Vorstellung, was ihren eigenen Einfluss in Europa betrifft, nicht allzu fremd zu sein.

Man bestand also auf der Einführung des Euro und der Abschaffung der D-Mark, um eine befürchtete deutsche Dominanz abzuwenden. »Die Bonner Position«, so fuhr Heinrich August Winkler in seiner Rede fort, »war bis dahin eine andere gewesen: Die europäische Währung sollte kommen, aber nur im Rahmen einer umfassenden supranationalen Einigung – einer politischen Union, die diesen Namen verdiente. Dieses Junktim konnte Bundeskanzler Helmut Kohl bei den Verhandlungen der EG im Frühjahr 1990 auch deshalb nicht durchhalten, weil die britische Premierministerin Margaret Thatcher einer politischen Union im Sinne der deutschen Vorstellungen noch weniger abgewinnen konnte als Mitterrand.«

Kohl sah sich also zwei Kontrahenten – gewöhnlich Freunde genannt – gegenüber, die sich teils der deutschen Vereinigung, teils der europäischen Vereinigung entgegenstellten, und dies aus rein machtpolitischem, nationalegoistischem Kalkül. Immerhin führte diese Konfrontation dazu, dass Kohl auf ganzer Linie nachgab und die D-Mark als das einsetzte, wozu sie geschaffen worden war: zum Zahlen. »Auf einem Sondergipfel Ende April 1990 in Dublin«, so Winkler weiter, »wurden die Währungsunion und die Politische Union faktisch entkoppelt. Das war der Preis, den die Bundesregierung für die Pariser Zustimmung zur deutschen Einheit zahlen musste.«

Die bislang unbekannten Tatsachen, die Heinrich August Winkler im August 2010 vor der Öffentlichkeit enthüllte, wurden Ende September in einer *Spiegel*-Titelgeschichte »Geheimakte Deutschland« bestätigt. Wie auch Peer Steinbrück in seinem Buch *Unterm Strich* schreibt, gehörte die Preisgabe der D-Mark zu den Konzessionen, »die dazu beitrugen, den Weg zur deutschen Einigung zu ebnen«. Auch wenn Wolfgang Schäuble dem vehement widerspricht – »einen solchen Handel hat es nie gegeben« –, sprechen die im *Spiegel* veröffentlichten Geheimakten aus dem Auswärtigen Amt eine deutliche Sprache.

Den Ausgangspunkt bildete, wie immer in der Entwicklung der Gemeinschaft, Frankreichs Inferioritätsgefühl gegenüber der D-Mark. »Was für uns die Atombombe ist«, wurde aus dem Elysée-Palast kolportiert, »ist für die Deutschen die D-Mark«. Und die wollte Mitterrand so schnell wie möglich loswerden, das heißt, mit dem schwachen Franc zusammenkoppeln. »Immer drängendere Noten aus dem Elysée-Palast«, so der *Spiegel*, »erreichen das Bonner Kanzleramt«. Zwar war Bundesbankpräsident Karl Otto Pöhl felsenfest davon überzeugt, dass der Euro erst »frühestens in hundert Jahren« kommen würde, doch unterschätzte er die Entschlossenheit der Franzosen.

Bei einem Treffen zwischen Außenminister Hans-Dietrich Genscher und Präsident Mitterrand im Elysée redete dieser beschwörend auf den Deutschen ein und knüpfte dabei »sein Ja zur Einheit an deutsche Zugeständnisse bei der Währungsunion«. Deutlicher, so der *Spiegel*, als in diesem als »geheime Verschlusssache« klassifizierten Protokoll ließ sich das Junktim zwischen Euro und Einheit bislang kaum irgendwo nachlesen. Bei der Einführung des Euro bekannte Genscher dann ganz offen: »Für mich symbolisierte dieser Akt die Einlösung meiner im deutschen Vereinigungsprozess gegebenen Zusagen.«

Wirtschaftsstaatssekretär Bernd Pfaffenbach, damals hoher Beamter im Kanzleramt, bestätigte: »Zuvor war die deutsche Position, dass die politische Union der Währungsunion vorauszugehen habe. Diese Position hat die deutsche Regierung im Zuge der damaligen Verhandlungen geopfert.« Die Wortwahl verrät, was Pfaffenbach meint: Es ging hier nicht um ein Zugeständnis oder gar ein Tauschgeschäft – Deutschland musste wieder einmal ein einseitiges Opfer bringen, dessen tatsächliche Größe damals noch niemand abschätzen konnte. Ich kenne Pfaffenbach seit den berühmt-berüchtigten Kanzlerrunden, die Helmut Kohl regelmäßig einberief – ich nahm als BDI-Präsident daran teil –, und halte ihn für einen absolut glaubwürdigen Zeitzeugen.

Wohlweislich ließ Kohl diese fragwürdige Geheimabmachung unter dem Teppich des Kanzleramts verschwinden. Denn just zur selben Zeit, als sie verabredet wurde, sprachen sich, worauf Hans Riehl 1999 in seinem Buch *Requiem für eine Währung* hinwies, »konstant 60 bis 70 Prozent der Bevölkerung gegen die Ablösung der D-Mark durch eine einheitliche europäische Währung aus, und nur jedes dritte deutsche Unternehmen wünschte sich die fristgerechte Einführung der europäischen Währungsunion. Allerdings«, so Riehl weiter, »befürworten 77 Prozent der deutschen Führungskräfte die Währungsunion.«

Das lässt sich erklären. Denn die wachsende Stärke der D-Mark, die dem deutschen Konsumenten so viel Freude bereitete, löste bei der Industrie zunehmend Magengrimmen aus, und nicht nur bei exportorientierten Unternehmen. So wenig der ausländische Kunde bereit oder fähig war, deutsche Spitzenpreise zu bezahlen, so wenig Willen zeigte der deutsche Konsument, ein einheimisches Produkt nur deshalb zu kaufen, weil es einheimisch war. Obwohl die Produkte hier hergestellt waren, mied sie der Kunde, weil er vergleichbare Importware billiger bekommen konnte. Und das ist heute noch so: Der Patriotismus, der sich in den Fußballstadien austobt, endet vor den Einzelhandelsgeschäften. Und da hilft nicht einmal das Auftreten eines sprechenden Schimpansen im Werbefernsehen, der den Kauf deutscher T-Shirts empfiehlt. Der niedrige Preis sticht allemal die nationale Karte.

Mit zunehmender Globalisierung und zumal als der Eiserne Vorhang fiel, wendete sich das Blatt: Deutsche Hersteller waren nicht länger an ihren Standort gebunden, sondern konnten ihre Produktionsstätten in Länder mit niedrigeren Lohnkosten verlagern. Die Waren, die sie mit deutschem Etikett deutschen Kunden anboten, stammten immer seltener aus Deutschland, konnten dafür aber preislich mit ausländischen Produkten mithalten. Damit stellte der hohe D-Mark-Kurs für die betreffenden Unternehmen kein Problem mehr dar, im Gegenteil: Man finanzierte mit Niedrigwährungen und kassierte harte Mark. Genauso habe ich selbst es bei der IBM gehalten, wo wir deutsche Werke einzig und allein aus diesem Grund schließen mussten. Unsere Hardware wurde hinfort in Ungarn oder Schottland gefertigt, unsere Mitarbeiter fanden neue Beschäftigung in Software- und Servicezentren, die weniger eng an den Außenwert der D-Mark gekoppelt waren. Doch nicht überall kam es zu solch arbeitnehmerfreundlichen Lösungen – viele

Fabriken machten zu, und die Arbeitsplätze gingen für immer verloren.

Dennoch blieben die meisten Sorgen, die der Industrie durch die starke D-Mark entstanden. Da die anderen europäischen Währungen allesamt schwächer waren, nützte die dortige Konkurrenz die günstigeren Herstellungskosten aus, um den deutschen Markt zu erobern. Mit jeder Abwertung, die von staatlicher Seite für ihre Währung vorgenommen wurde, wuchs ihre Konkurrenzfähigkeit ebenso wie ihre Verkaufszahlen stiegen – die deutschen Wettbewerber hatten das Nachsehen. Da halfen selbst Innovationsfreude und hohe Qualität nur bedingt weiter, denn durch die ständigen Abwertungen der ausländischen Währungen sanken die Kosten der Konkurrenz, ohne dass es den ausländischen Unternehmen die geringste Mühe bereitete.

Gerade in den 1990er Jahren litten deutsche Firmen besonders unter diesen trickreichen Manövern, die ganz offen als *competitive devaluations* – wettbewerbsbedingte Abwertungen – bezeichnet wurden. So drehten die Italiener gern an ihrer Währungsschraube, und schon wurden ihre zum Export bestimmten Waren billiger. Langsam kamen viele deutschen Unternehmer zur Überzeugung – 77 Prozent, meinte Hans Riehl –, dass die Gemeinschaftswährung den Ausweg aus dieser, wie sie es empfanden, Wettbewerbsverzerrung bieten könnte.

Ernsthaft in Angriff genommen wurde das Projekt Ende der 1970er Jahre. Ich erinnere mich noch gut an jenen April 1978, ich wohnte damals in Paris, als Kanzler Helmut Schmidt und der französische Präsident Giscard d'Estaing einen Neubeginn der währungspolitischen Kooperation in Europa verabredeten, den sie den anderen sieben Regierungschefs der EU dann vortrugen, das heißt, von Anfang an handelte es sich um ein deutsch-französisches Anliegen, wobei sich rückblickend zeigte, dass die eigentlich treibende Kraft Paris war.

Damals hielt ich das ganze Projekt für unrealistisch. Ich war als *Director of Operations* für eine Reihe mitteleuropäischer Länder verantwortlich, darunter Belgien, Holland, Schweiz und Spanien. Da ich deren Volkswirtschaften also ganz gut in ihrer Verschiedenheit kannte, erschien mir die Idee zwar kaum zu verwirklichen, aber, das musste ich mir eingestehen, eben doch interessant.

Bevor ich für die IBM europäische Verantwortung übernahm, war ich schon in den USA tätig gewesen. Was mich dort gegenüber Europa besonders beeindruckt hatte, war der Dollar, der in allen fünfzig Staaten gleichermaßen galt, ja selbst in anderen Ländern der Welt als Währung akzeptiert wurde. Die Vorteile lagen auf der Hand, und ganz nebenbei gab der »*Greenback*«, wie er dort genannt wird, da die Rückseite der Banknote immer grün ist, seinen Besitzern ein sehr solides Gefühl monetärer Überlegenheit.

Das wäre für Europa auch nicht schlecht gewesen, dachte ich, doch waren hier die Voraussetzungen vollkommen andere. Wenn es damals neben der »Leitwährung« der Deutschen Mark einen Belgischen Franc und einen Niederländischen Gulden gab, so hatte das insofern seine Logik, als sich darin die divergierenden Wirtschaftssysteme dieser Länder spiegelten. Noch gut erinnere ich mich an einen Ausspruch meines Förderers Alfred Herrhausen, Vorstandssprecher der Deutschen Bank, der kurz vor seiner Ermordung durch Terroristen sagte: »Eine Währung wird dann vernünftig, wenn die ihr zugrunde liegende Wirtschaft vernünftig ist.« Solange aber Europas Wirtschaften so unterschiedlich waren – von »vernünftig« will ich gar nicht sprechen –, sah ich für eine Einheitswährung keine Chance.

Schon im März 1979 trat das von Schmidt und Giscard vorangetriebene Europäische Währungssystem (EWS) in Kraft, das zum einen die Währungsstabilität zum Ziel hatte, zum anderen die europäische Währungsunion vorbereiten sollte. Sogleich jedoch löste dieses Projekt bei einigen Wirtschaftswissenschaftlern Befürchtungen aus, wie sie sich heute, dreißig Jahre später, bestätigt haben: Sie sahen schon damals voraus, dass das neue EWS »den weniger stabilitätsorientierten Ländern zu viel Spielraum für eine expansive monetäre Politik einräume«, wie Ex-Bundesbankpräsident Hans Tietmeyer in seinem Buch *Herausforderung Euro* schrieb. »In Frankreich hingegen wurde das neue Europäische Währungssystem überwiegend als Neubeginn der währungspolitischen Kooperation gewertet, der dem französischen Franc von Anfang an eine volle Teilnahme ermöglichte.«

Und genau das war der springende Punkt: Seit Gründung der Bundesrepublik litt unser westlicher Nachbar darunter, dass die deutsche Wirtschaft und ihr Markenzeichen D-Mark weit üppiger florierten als die heimische Wirtschaft und ihr Franc. Für Frankreich verschlechterte sich von Jahr zu Jahr die Situation sogar noch, wie jeder deutsche Tourist beim Besuch der Normandie oder der Côte d'Azur am Geldbeutel bemerken konnte: Im selben Maß, wie der Wert der Mark emporkletterte, sank der des Franc. Der doppelte Ärger, dass man gleichzeitig selbst verlor, während der Konkurrent gewann, führte irgendwann zur Erkenntnis, dass der politischen Versöhnung, wie Adenauer und de Gaulle sie initiiert hatten, irgendwann die »Versöhnung« der Währungen folgen musste. Von Pompidou bis Mitterrand verfolgte der Elysée-Palast dieses Ziel – und plötzlich bot sich mit der deutschen Wiedervereinigung die Gelegenheit, die Früchte der jahrzehntelangen Bemühungen zu ernten.

Die deutsche Wiedervereinigung, mit der sich die politische Landschaft in Europa veränderte, führte auch zu einem Einschnitt ins Währungssystem: Bis dahin hatte neben der mächtigen D-Mark deren armer Stiefbruder, die DDR-Mark, hoffnungslos dahinvegetiert, immer auf milde Gaben des Westverwandten angewiesen. Offiziell nannte sie sich ebenfalls Mark, wenn auch »der Deutschen Demokratischen Republik«, und suggerierte Ähnlichkeit zur »echten« Mark, indem sie die große Eins der Eine-Mark-Münze ebenfalls mit Eichenlaub schmückte. Nebenbei bemerkt, wussten die Franzosen es bei der Euro-Einführung einzurichten, dass das Ein-Euro-Stück mit dem gelben Messingring verblüffende Ähnlichkeit mit dem 10-Franc-Stück aufweist. Was nun die Ähnlichkeit der Ost-Mark zur D-Mark betrifft, machten sich Kriminelle diese zunutze und gaben in Ländern, die mit den äußerlichen Unterschieden nicht vertraut waren, die schlechte Währung für die gute aus, was auch öfter klappte.

Ab 1. Juli 1990 ließ sich die Unwissenheit ausländischer Restaurant- und Hotelbesitzer nicht mehr ausnutzen. Da endete die monetäre Zweiteilung und es kam es zur »Versöhnung« der inkompatiblen Verwandten. Vor dem Mauerfall hatte es einen offiziellen Umrechnungskurs der Währungen von 1:1 gegeben; dagegen lag der Schwarzmarktkurs bei 1:5, was sich als deutlicher Hinweis auf die tatsächliche Schwäche der DDR-Volkswirtschaft lesen ließ. Als ich am ersten Wochenende nach dem Mauerfall Ostberlin besuchte, war der Schwarzmarktkurs der DDR-Mark auf unglaubliche, aber leider realistische 1:19 hochgeschossen. Aus Sicht der Wechselstuben in Westberlin war das natürlich der offizielle Kurs – als »schwarz« galt er nur den DDR-Behörden, denen sprichwörtlich ihre Felle davonschwammen.

Stellt man rückblickend die beiden Währungen nebeneinander, die schwache DDR-Mark und die teurere D-Mark, so erscheint einem die Verschmelzung der beiden unter diesen Bedingungen als ökonomisches Unding. Das war es auch. Ich erinnere mich an den Ausspruch des damaligen Bundesbankpräsident Karl Otto Pöhl, der die Währungsunion als »sehr phantastische Idee« bezeichnete, womit er meinte, sie sei der helle Wahnsinn.

Bestätigen lässt sich das mit Zahlen über die tatsächliche Wirtschaftskraft der DDR. 1989 galt die DDR als »neuntgrößte« Volkswirtschaft weltweit, allerdings nur dank getürkter Zahlen, wie sich später herausstellte. 1990 gab es eine Schätzung der Treuhand, wonach durch die Privatisierung der insgesamt knapp 10.000 DDR-Betriebe bis zu 1,2 Billionen D-Mark einzunehmen waren – diese Zahlen basierten auf Informationen der DDR-Behörden. Hinterher stellte sich heraus, dass mit dem Verkauf der Ostbetriebe nicht nur nichts zu verdienen war, sondern für deren Existenzsicherung 240 Milliarden D-Mark an Steuergeld aufgewendet werden mussten. Immerhin konnte so der totale Zusammenbruch der DDR-Wirtschaft verhindert werden.

Weder der für die Ost-Mark so niederschmetternde Wechselkurs noch die Warnungen des Bundesbankpräsidenten konnten unsere damals verantwortlichen Politiker, die Parteivorsitzenden der drei Koalitionsparteien, Kohl, Waigel und Genscher, davon abhalten, mit der DDR Verhandlungen über eine Währungsunion aufzunehmen, wohlgemerkt ohne die Bundesbank zu konsultieren. Man stelle sich vor, die drei hätten der DDR-Bevölkerung damals, als die Umrechnung bei 1:19 stand, einen Kurs von, sagen wir, 1:3 vorgeschlagen, man hätte ihnen Blumen gestreut und Dankchoräle gesungen.

Es kam aber ganz anders: 1990 war Bundestagswahlkampf, und der stand ganz im Zeichen der für den 3. Oktober vorgesehenen Wiedervereinigung: Erstmals durften die ehemaligen DDR-Bürger mitwählen, die Parteien mussten demnach die jeweiligen Wahlversprechen auf die neue Klientel zuschneidern, und so kam es nach dem Motto: »Wer bietet mehr« zu einer Art Versteigerung der D-Mark. Zuerst wurde als Umrechnungskurs 1:5 vorgeschlagen, dann folgte 1:4, der nächste wollte 1:3 einführen, bis ausgerechnet die FDP die ökonomische Geisterfahrt sozusagen mit Totalschaden abschloss, indem sie einen Umrechnungskurs von 1:1 vorschlug, nicht für alle Beträge, aber bis zu einer bestimmten Summe. Das war völlig unverantwortlich und durch nichts anderes begründet als die Hoffnung, damit neue Wählerschichten zu erschließen, die sich per Stimmzettel für die wunderbare Geldvermehrung bedanken würden. Konsequent ist Bundesbankpräsident Pöhl, dessen Warnungen man in den Wind geschlagen hatte, damals zurückgetreten, wofür ich heute noch den Hut vor ihm ziehe.

Der Kardinalfehler, den man mit der Gleichsetzung und Verschmelzung inkompatibler Währungen beging, fiel zunächst gar nicht auf. Denn unmittelbar auf die Wiedervereinigung von Volk und Mark folgte ein nie gesehener Wirtschaftsboom, ein zweites Wirtschaftswunder, das ich damals als Chef der deutschen IBM miterleben konnte. Plötzlich hatte sich der westdeutschen Industrie ein riesiger Markt eröffnet, vollkommen ausgehungert nach dem Warenuniversum der freien Welt und bereit, das neugewonnene Westgeld im Handumdrehen für entsprechende Güter auszugeben. Die IBM verlegte ihren juristischen Sitz zurück nach Berlin, von wo sie nach dem Krieg nach Stuttgart gezogen war, baute schnell ein Vertriebsnetz auf, und ich kann sagen, dass uns die Computer förmlich aus den Händen gerissen wurden. Verkaufstechnisch gesehen, erschienen mir die neuen Bundesländer wie ein ausgetrockneter Schwamm, den man so intensiv bewässern konnte, wie man wollte, er lief niemals über. Natürlich hing auch das mit dem irrwitzigen Wechselkurs von 1:1 zusammen.

Die kurzfristigen Verkaufseffekte – ein Strohfeuer, das mit deutschem Steuergeld genährt wurde – führten dazu, dass die deutsche Wirtschaft 1991 boomte, und dies ganz im Gegensatz zur übrigen Welt. Trotzdem war der Umrechnungskurs, den kurzsichtige Politiker beschlossen hatten, grundfalsch, ja verhängnisvoll gewesen. Führte er doch zu einer Preiserhöhung ostdeutscher Produkte, die man nicht anders als dramatisch nennen kann. So zumindest empfanden es die bisherigen Kunden der DDR-Betriebe. Denn während beispielsweise eine Abwertung der Lira zu besseren Absatzchancen italienischer Weine im Ausland führte, hatte eine Aufwertung der Mark für die Exportwirtschaft der neuen Bundesländer zur Folge, dass die Produkte um ihre Absatzchancen gebracht wurden. Die Kunden mussten plötzlich fünfmal soviel bezahlen wie vor der Wiedervereinigung. Und da das verständlicherweise keiner mitmachen wollte, brach die alte DDR-Wirtschaft endgültig zusammen, gingen weitaus mehr Firmen im Osten pleite und wurden mehr Arbeitsplätze verloren, als nötig gewesen wäre.

Diese Entwicklung wiederum hatte einen ganz simplen Grund, der von den westlichen Politikern, die sich auf ihre Spendabilität etwas zugute hielten, schlicht übersehen worden war: Die Kunden der Ostwirtschaft saßen hauptsächlich im Osten. Es waren die »sozialistischen Bruderländer«, die in der DDR eingekauft und über Jahrzehnte die Kundenbasis der dortigen Firmen gebildet hatten. Schlagartig waren deren Produkte um ein Vielfaches teurer geworden, während die Ostblockländer nach wie vor über unzureichende Westdevisen verfügten. Selbst wenn sie gewollt hätten, sie konnten nicht mehr in Ostdeutschland einkaufen – brauchten es auch nicht, denn das so entstandene Liefervakuum wurde von Ländern mit niedrigerem Währungsniveau schnell gefüllt.

Man hat das nicht vorausgesehen, unter anderem, weil es für den Übergang von sozialistischer Planwirtschaft zur sozialen Marktwirtschaft keinen Präzedenzfall gab. Als ich 1990 von Detlev Rohwedder in den Verwaltungsrat der Treuhand berufen wurde, zerbrachen wir uns den Kopf darüber, wie die beiden gegensätzlichen Systeme kompatibel gemacht werden konnten. Dabei stellte sich heraus, dass es zwar ganze Bibliotheken mit Literatur gab, die den Übergang vom kapitalistischen in das sozialistische System schilderten, doch fand sich kein einziges Buch, das den umgekehrten Weg beschrieb. Offenbar gab es niemanden, der dies zuvor für möglich gehalten hatte – dafür finden sich heute wieder genügend Politiker im Bundestag, die davon träumen, uns den bewährten »demokratischen Sozialismus« zurückbringen zu können.

Nicht nur die ostdeutschen Firmen litten unter der D-Mark – auch die D-Mark selbst litt unter Wiedervereinigung und »Versöhnung« mit dem mittellosen Stiefbruder. Das schlug sich am deutlichsten im starken Ansteigen der Staatverschuldung nieder. Die Pro-Kopf-Verschuldung der Deutschen betrug 1970 umgerechnet etwa 1.000 Euro, im Jahr der Wiedervereinigung war sie auf das Achtfache angestiegen. 2010 sind wir bei über 20.000 Euro angelangt. Diese auch durch Wiedervereinigung und D-Mark-Schwächung ausgelöste Verschuldungskatastrophe hat paradoxerweise dazu geführt, dass die einst so propere Bundesrepublik, die den Osten auf ihr Niveau anheben wollte, sich heute mit ihren Schlaglöchern, baufälligen Schulen, geschlossenen Schwimmbädern und verkommenen Innenstädten dem Erscheinungsbild eines sozialistischen Staates wie der DDR angenähert hat. Manche fragen sich schon, wer sich damals eigentlich wen einverleibt hat …

Die Frage könnte sich einem auch stellen, wenn man unsere heutige Parteienlandschaft ansieht. Sie hat sich nach links verschoben – im Oktober entschied sich bei Umfragen nur noch ein Drittel der Bürger für das bürgerliche Lager – und damit einer Ideologie angeglichen, die dem Mauer-und-Stacheldraht-Staat DDR zugrunde lag. Ich spreche vom Neosozialismus. Immerhin wählt heute ein Drittel der Bevölkerung der neuen Bundesländer die Linke, eine Partei also, die das Erbe der einstigen DDR-Einheitspartei angetreten hat und sich nicht scheut, einen eigenen Flügel für stalinistische Gedankenspiele (»Kommunistische Plattform«) zu unterhalten. Da wir heute hinreichend über die mörderischen Folgen der stalinistischen Diktatur, die Gulag-KZs und die Unterdrückung des Ostblocks aufgeklärt sind, fragt man sich doch, wieso unser freiheitliches System sich gegen rechten Extremismus mit Händen und Füßen wehrt, während es beim Neostalinismus einer Parlamentspartei beide Augen zudrückt.

Man stellt sich ohnehin blind, wenn es um Linksextremismus geht. Wäre beispielsweise die skandalöse Äußerung des SPD-Ministerpräsidenten Matthias Platzeck vom August 2010, bei der er die deutsche Wiedervereinigung als einen »Anschluss« bezeichnete, als sei sie mit Hitlers Annexion Österreichs vergleichbar – wäre, sage ich, ein solch skandalöser Vergleich von einem Rechtsextremen geäußert worden, hätte er mit einem öffentlichen Aufschrei der Empörung und wohl auch einer Anzeige wegen »Volksverhetzung« rechnen müssen.

Man kann also zweifelsfrei feststellen, dass die Wiedervereinigung zu einem gesellschaftspolitischen Linksrutsch geführt hat, wie er in keinem anderen EU-Land zu beobachten ist, sowie zu einer gewaltigen Verschuldung und letzten Endes auch zu einem Absinken des Gesamtniveaus im Westen, das sich aus Solidarität mit dem Osten eigener dringend benötigter Mittel beraubt hat.

All dies ließ sich noch nicht absehen, als der Abschied von der D-Mark beschlossen wurde. Zwar wussten Kanzler Kohl,

Außenminister Genscher, Finanzminister Waigel und andere, dass sie das Wertvollste aufgaben, was Deutschland auf dem Altar Europas zu opfern hatte – und geopfert werden musste, da die Wiedervereinigung von den anderen als Stärkung eines wirtschaftlichen Konkurrenten eingeschätzt wurde. Doch andererseits trösteten sich die deutschen Politiker mit der Aussicht, dass die neue Währung, wenn sie auch nicht mehr D-Mark hieß, doch ebenso hart und stabil sein würde. Die passenden Regelungen würden sich schon finden.

KAPITEL VIER

Der deutsche Prägestempel

Der Einführung des Euro ging ein jahrelanges erbittertes Tau-
ziehen der EU-Mitglieder voraus, bei dem die eine Seite, vertreten durch die Franzosen, die künftige Gemeinschaftswährung nach dem Vorbild des Franc gestalten wollte, und die
andere, vertreten durch die Deutschen, eine europäische D-
Mark im Sinn hatte. Es gab Siege und Niederlagen, die beide
Seiten zu gleichen Teilen trafen, doch nachdem die deutsche
Seite mit den Maastrichter Verträgen endgültig gewonnen zu
haben glaubte, sollte sich, eine Dekade später, die Freude als
verfrüht erweisen – in Wahrheit hatte sich 2010, dank griechi-
scher Schützenhilfe, die französische Seite durchgesetzt. Das ist
die kürzestmögliche Geschichte des Euro.

Aber eins nach dem anderen: Als 1990 der politische Entschluss gefasst war, eine gemeinsame Währung für die europäischen Staaten einzuführen, wurden fast alle deutschen Politiker von einem mulmigen Gefühl befallen. Die positive
Einstellung, die deutsche Bürokraten in Brüssel sowie viele unserer heimischen Unternehmer entwickelt hatten, wurde von
einer großen Mehrheit unseres Volkes nicht geteilt, am wenigs-
ten von den Bürgern der neuen Bundesländer, die sich gerade
an die neue Währung gewöhnt hatten. Mehr noch, sie hatten
sie schätzen gelernt: Für sie bedeutete die D-Mark die konkrete
Erfüllung eines Traums, der vor wenigen Jahren noch wie eine
Utopie erschienen war.

Die politische Entscheidung, eine europäische Währung einzuführen, hätte in Deutschland zu keinem ungünstigeren Zeitpunkt getroffen werden können. Doch sie wurde getroffen. Zuerst überlegte man wohl, ob man nicht das Volk befragen sollte, aber das eigenartige Demokratieverständnis der Parteien empfahl, das Volk lieber nicht zu befragen. Man hätte die Verfassung ändern müssen, auch wäre der Euro sonst nicht gekommen, denn zu keiner Zeit hätte es eine Mehrheit gegeben. Es gibt sie auch heute nicht. Nur kurz nach der Einführung des Euro gab es Stimmen, die begeistert waren. Aber die sind mittlerweile auch verstummt. Manchmal erinnert mich das Geschehen um den Euro an das Märchen von Hans im Glück. Der Hans, das sind wir. Und der Goldklumpen, das war unsere D-Mark.

Die Diskussion um die Euro-Einführung lief ähnlich ab wie die anlässlich der Griechenlandhilfe im Frühjahr 2010 – die Deutschen drängten auf Disziplin, die Franzosen auf Generosität. Es gab Befürworter und Skeptiker, zu denen in den 1980er Jahren etwa Edmund Stoiber von der CSU gehörte, der im Zusammenhang mit dem Euro darauf hinwies, dass Länder wie Spanien und Italien als ökonomisch unsichere Kantonisten zu betrachten seien und um Gottes Willen nicht in einen Währungsverbund aufgenommen werden sollten.

Während meiner Zeit für die IBM in Paris ist mir durchaus nicht entgangen, welchen Druck die Franzosen in Richtung europäischer Einigung und gemeinsamer Währung auf die Deutschen ausübten. Man hatte sich im Elysée auch schon einen Namen für die neue Währung ausgedacht. Präsident Giscard d'Estaing legte großen Wert darauf, sie nach einer alten französischen Münze *ECU* zu nennen, um damit deutlich zu machen, wer dem neuen Geld seinen Stempel aufprägte.

Bemerkenswert fand ich die Reaktion der deutschen Regierung, die diesen Druck nicht thematisieren wollte. Man tat so, als existierte er nicht. Und der Grund lag auf der Hand: Dass hier überhaupt ein Problem lag, sollte möglichst nicht offen debattiert werden. Völkerfreundschaft sollte herrschen, die berühmte *amitié franco-allemande*. Dass es hier handfeste Interessenkonflikte gab und einen Partner, der sich die Abschaffung der D-Mark in den Kopf gesetzt hatte – dies bekannt werden zu lassen, war undenkbar. Davor, das spürte ich, hatte man in Bonn horrende Angst.

Dennoch behandelte die Bundesregierung das Problem, die Mehrheit des eigenen Volkes gegen sich zu haben, mit großem Geschick. Wie ein Vater, der seinem Sohn die Tatsache verschweigt, dass er jetzt eine Ohrfeige bekommt, sondern ihn lieber entscheiden lässt, ob er sie auf die linke oder die rechte Backe wünsche, wurde die Frage »Wollen wir die Gemeinschaftswährung oder nicht?« gar nicht aufgeworfen, sondern durch das unterhaltsame Ratespiel ersetzt: »Wer kommt rein und wer nicht?« So lenkte man die Aufmerksamkeit der Menschen darauf, wer das Privileg teilen würde, das ihnen bereits zugestanden war. Man durfte zwar nicht entscheiden, aber man erfuhr, dass andere sich darum rissen, das zu erhalten, was einem selbst schon sicher war. Welch geniales Ablenkungsmanöver – und welch trauriger Betrug, der den Menschen die Bestimmung über ihr eigenes Schicksal aus der Hand nahm und sie dabei im Glauben ließ, es sei in guten Händen.

Allerdings gestehe ich gerne zu, dass die Bundesregierung, allen voran Finanzminister Theo Waigel, sich größte Mühe gab, der Einheitswährung Stabilität zu verleihen, indem sie sie nach dem Modell der D-Mark zu formen suchte. Wenn man sie schon nicht mehr haben konnte, wollte man wenigstens noch von ihren Qualitäten profitieren. Man strebte, kurz gesagt, an, dem Euro den deutschen Prägestempel aufzudrücken.

Das wurde ihnen von den Franzosen sehr schwer gemacht. In seinem Buch *Herausforderung Euro* hat Ex-Bundesbankpräsident Hans Tietmeyer den beschwerlichen Weg nachgezeichnet, den die europäische Gemeinschaftswährung zu nehmen hatte – ein wahrer Hindernisparcours zwischen den Erwartungen der Franzosen und denen der Deutschen, die sich teilweise diametral gegenüberstanden. Zu verschieden waren die Wirtschaftssysteme und auch die Ausrichtung der jeweiligen Zentralbanken, um hier eine Übereinstimmung herbeizuführen. Schon Anfang der 1980er Jahre, so Tietmeyer, der damals noch Staatssekretär im Finanzministerium war, zeigte sich immer deutlicher, »dass die grundlegenden Orientierungen für die monetären und fiskalischen Politiken zwischen den Ländern zu unterschiedlich waren, um feste Paritäten zwischen den Währungen im Test der Märkte durchzuhalten«.

Die Franzosen, genervt durch die Stärke der Mark und die Schwäche des Franc, drohten nicht nur damit, ihre Währung aus dem Europäische Währungssystem herauszunehmen, sondern sich auch »für die Einführung einer nationalen Abgabe für Importe aus den anderen Gemeinschaftsländern« zu entscheiden. Einfuhrzölle für deutsche Produkte! Aber der provozierte Eklat war nur ein Bluff, natürlich kam es nicht dazu. Man wollte den vorsichtigen Deutschen nur Angst einjagen. Mitte der 1980er Jahre zog der damalige Wirtschafts- und Finanzminister Jacques Delors »alle Register der Verhandlungstaktik und -dramatik und war auch nicht zimperlich mit provokativen Attacken, insbesondere gegenüber der deutschen Seite«, was schließlich dazu führte, so Tietmeyer, »dass die deutsche Seite in der Schlussrunde Frankreich am weitesten entgegengekommen ist, und zwar so weit, dass selbst die Niederlande diesen Weg nur teilweise mitzugehen bereit waren«. In der Griechenlandkrise ein Vierteljahrhundert später sollte Präsident

Sarkozy mit derselben billigen Taktik bei Kanzlerin Merkel seinen Willen durchsetzen.

Die Fronten beim Streit um die Gemeinschaftswährung waren klar: 1990, noch kurz vor den Maastrichter Beschlüssen, träumten die Franzosen von einer »gemeinschaftlichen Wirtschaftsregierung«, die ihre politischen Vorstellungen auch gegenüber den Zentralbanken durchsetzen konnte, wie es in Paris üblich war. Eine unabhängige Bundesbank wie in Deutschland war dort undenkbar – Chef war der Staatspräsident und niemand sonst. Natürlich konnte das den Deutschen schon deshalb nicht gefallen, weil eine solche »Wirtschaftsregierung« in ihre eigenen Kompetenzen hineinregieren würde, und dies, wie voraussehbar, unter französischer Führung.

»Dagegen«, so erinnerte Tietmeyer, »forderten die Deutschen den Nachweis über einen hohen Grad an tatsächlich erreichter Preisstabilität und die Gewährleistung einer auf Dauer tragbaren Finanzlage der öffentlichen Hand«. Da wohl alle ahnten, worauf der französische Plan abzielte, lief er ins Leere. »Der französische Vorschlag für eine ›gemeinsame Wirtschaftsregierung‹ der zuständigen Minister fand damals keine Zustimmung, auch nicht bei der deutschen Delegation.« Diese insistierte, dass vor der »Entwicklung einer Wirtschafts- und Währungsunion in Europa« ein Vertrag aufgesetzt werden müsse, in dem »die Bedingungen für eine dauerhaft stabile europäische Währung zuvor eindeutig und verbindlich festgelegt werden«.

Der Vertrag, der dann tatsächlich den deutschen Prägestempel trug – schließlich hatte man auch am meisten dafür geopfert –, wurde 1992 in Maastricht ausgehandelt. Einen Kernpunkt bildete die neue Gemeinschaftswährung, vor der eine Reihe Hürden aufgebaut wurden, um eine Verwässerung des Geldwertes zu verhindern. Zu diesen sogenannten Konvergenzkriterien gehörte bekanntlich, dass eine Neuverschuldung unter 3 Prozent bleiben musste und der Gesamtschuldenstand 60 Prozent des Bruttoinlandsproduktes nicht überschreiten durfte. Mit der ersten Regel wurde sozialpolitischen Geldverschwendern ein Riegel vorgeschoben, mit der zweiten versuchte man ganz offensichtlich, notorische Schuldenmacher auszuschließen, die sich nur kurzfristig Spardisziplin auferlegt hatten.

All dies durchgesetzt zu haben, und zwar gegen den Widerstand der Franzosen mit ihrem Wunsch nach politischem Gestaltungsspielraum, muss als diplomatische Meisterleistung bezeichnet werden. Es war Theo Waigels Verdienst, dass die neue Währung nach dem Vorbild der D-Mark gestaltet wurde, dass sie nicht *ECU*, sondern Euro hieß, dass die Europäische Zentralbank nicht, wie die Franzosen wünschten, in Paris, sondern in Frankfurt residieren würde und dass klassischen Weichwährungsländern wie Griechenland der Zutritt zum Euro verwehrt blieb.

Sein wohl wichtigstes Verdienst aber bestand darin, dass als Modell für die künftige EZB die unabhängige Deutsche Bundesbank herangezogen wurde. Das widersprach Wunsch und auch Praxis der Franzosen, die gerne politischen Druck auf ihre Staatsbank ausübten; übrigens ist selbst in den liberalen USA die Staatsbank Federal Reserve nicht unabhängig. Weltweit gilt heute jedoch als unumstritten, dass das deutsche Modell hier allen anderen vorzuziehen ist. Deshalb machte die Bundesbank Schule, steht die EZB heute am Main und nicht an der Seine.

Der Hauptgrund dafür wird selten offen ausgesprochen, weil er unserem Staatsverständnis entgegensteht: Der Erfolg der Bundesbank ist direkte Folge ihrer Unabhängigkeit von demokratischen Prozessen, die dazu neigen, kurzfristige Ziele zu verfolgen. Genau das muss eine Staatsbank verhindern. Wo eine demokratische Mehrheit gerne mehr Wachstum und finanzielle Spendabilität wünscht, muss die Bank auf dem genauen Gegenteil, der Eindämmung der Inflation, bestehen. Und das hat die Bundesbank auch durchsetzen können. Ich gehe so weit, zu behaupten, dass ein Hauptgrund für die Stärke der D-Mark die nachhaltige Währungsstrategie der Bundesbank gewesen ist. Im Zweifel hat sie sich gegen neue Arbeitsplätze und für Stabilität entschieden. Und das hat funktioniert, es hat sogar langfristig mehr Arbeitsplätze geschaffen.

Ich erinnere mich, wie Theo Waigel einmal per Hubschrauber bei der Bundesbank einflog, um damit die Dringlichkeit seines Wunsches zu demonstrieren, endlich einen Teil der staatlichen Goldreserven »versilbern« zu dürfen. Er konnte das Geld gut brauchen, um einige Haushaltslöcher zu stopfen, und sah nicht ein, wieso die Bundesbanker ihm, als demokratisch legitimiertem Finanzminister, dies verweigern sollten. Aber sie haben es verweigert. Der damalige Bundesbankpräsident Hans Tietmeyer hat ihn auflaufen lassen. Als Minister Hans Eichel später dieselbe Begehrlichkeit zeigte, kommentierte FDP-Finanzexperte Hermann Otto Solms: »Die Bundesbank darf nicht als Goldesel für ideenlose Haushaltspolitiker missbraucht werden.« Und auch Eichel ging leer aus.

Der einzige Einfluss, den die Demokratie auf die Bundesbank nehmen kann, ist die Besetzung des Vorstands. So hat etwa die CDU/CSU den Banker Andreas Dombret berufen – ich kenne ihn aus seiner Zeit als Chef der deutschen Abteilung der Bank of America –, die SPD wiederum ihren Berliner Finanzsenator Thilo Sarrazin. Da ein Vorstand, sobald eingesetzt, jeglichem politischen Einfluss entzogen war, kann der Druck, den die Kanzlerin gegen die Bank, ihren Chef Axel Weber und Thilo Sarrazin ausgeübt hat, gar nicht hoch genug eingeschätzt werden. Aus populistischen Rücksichten hat Angela Merkel hier eine Schranke durchbrochen – wenn man so will, eine »rote Linie« überschritten –, die sich in Jahrzehnten deutscher Bundesbankpolitik bewährt hatte. Aber schließlich besaß sie in Helmut Kohl ein leuchtendes Vorbild, der bei der Übernahme der Ost- in die West-Mark ebenfalls die Bundesbanker brüskiert hat.

Als die Maastrichter Verträge ausgehandelt wurden, hat Theo Waigel durchgesetzt, dass die zukünftige EZB dem Muster dieser unabhängigen Bundesbank folgen und in Frankfurt etabliert werden sollte. Das war ein entscheidender Schritt, um die Stabilität des Euro zu garantieren, vorläufig zumindest. In Bonn war man hochzufrieden. Doch konnte das nicht darüber hinwegtäuschen, dass die D-Mark, unumstrittenes Symbol des deutschen Wohlstands, mit einem Schlag verschwunden war – und dass jene südlichen EU-Länder, die vorläufig noch am Katzentisch sitzen mussten, weil sie die Stabilitätskriterien nicht erfüllten, so lange nicht ruhen noch rasten würden, bis sie in den Club der Großen aufgenommen würden.

In der Zeit nach Maastricht bin ich als BDI-Präsident für den Euro eingetreten. Ich nahm auch an öffentlichen Auftritten mit Bundesbankpräsident Tietmeyer teil, bei denen wir beide bemüht waren, die Leute zu beruhigen und ihnen ihre Befürchtungen zu nehmen. Bei einer solchen Gelegenheit saß der heutige EZB-Chefvolkswirt und damalige Staatssekretär im Finanzministerium, Jürgen Stark – übrigens tatsächlich ein starker Mann –, neben mir im Publikum und wir lauschten der Rede des Bundesbankpräsidenten.

Wie üblich hatten wir beide das gedruckte Redemanuskript auf dem Schoß, das vorher verteilt worden war, und wie üblich war es, um dem Redner Abweichungen zu ermöglichen, mit dem Vermerk versehen »Es gilt das gesprochene Wort«. Plötzlich beugte sich Stark lächelnd zu mir herüber und flüsterte, indem er mit dem Finger darauf zeigte: »Es gilt das gebrochene Wort.«

Das sollte natürlich nur ein Kalauer sein – dass Jürgen Stark sich damit als Prophet erweisen sollte, habe ich damals nicht ahnen können.

KAPITEL FÜNF

Wie ich für den Euro kämpfte

In den Jahren vor Maastricht lautete die Gretchenfrage also nicht: »Euro Ja oder Nein?«, sondern: »Wer darf rein ins Euro-Boot?« Das war ein schlauer Schachzug, auf den alle hereingefallen sind. Da die großen nördlichen Länder sozusagen gesetzt waren, standen hauptsächlich Spanien und Italien zur Debatte – Griechenland tauchte noch nicht einmal auf dem Radarschirm auf. Die Frage war, ob die beiden großen Mittelmeeranrainer die Kriterien erfüllen würden, die von Maastricht vorgegeben wurden.

Als IBM-Chef, der lange Jahre auch in diesen Ländern Verantwortung getragen hatte, war mir natürlich an ihrer Mitgliedschaft gelegen. Begeisterter Europäer, der ich schon damals war, hegte ich zwar Bedenken gegenüber einer Währungsunion – doch wenn es schon eine geben sollte, schien sie mir ohne Italien und Spanien nur schwer vorstellbar. Da ich zudem positive Erfahrungen in den USA gesammelt hatte, wo ich jahrelang für die IBM beschäftigt war, erschien mir deren föderatives 50-Staaten-Modell als mögliches Vorbild: Fast jeder dieser Staaten bietet ein anderes Erscheinungsbild, blickt auf eine eigene Geschichte zurück und hat einen besonderen Menschenschlag ausgebildet – ein Kalifornier ist von einem Texaner so unterschieden wie, sagen wir, ein Finne von einem Portugiesen. Doch obwohl die einzelnen US-Staaten auch in Hinsicht auf Produktivität und Wohlstand erheblich untereinander differieren, folgen sie doch alle demselben Wirtschaftsmodell, das auf dem Dollar basiert – und das nicht nur in den USA.

Warum also, so fragte ich mich, sollte man nicht auch in Europa eine dem Dollar vergleichbare einheitliche Währung einführen? Nachdem ich lange geschwankt hatte, ließ ich mich endlich doch überzeugen. Genau genommen wurde ich in dem Moment endgültig für den Euro gewonnen, als Theo Waigel in Maastricht überraschend all das durchsetzen konnte, was mir für die Stabilität einer Gemeinschaftswährung unabdingbar schien.

Neben der gedeckelten Neuverschuldung konnte Deutschland auch die sogenannte *No-bail-out*-Klausel durchsetzen, die gemäß Artikel 125 des EU-Vertrags untersagte, dass die Gemeinschaft oder einzelne Mitgliedsländer für die Schulden eines anderen Mitgliedslandes geradestehen müssen. In den USA wird dies genauso gehandhabt: Im Zweifel lässt man dort Städte oder ganze Bundesstaaten pleitegehen, damit nicht die Steuerzahler anderer Städte oder Bundesstaaten »bluten« müssen, sondern die jeweiligen Kreditgeber. Als unser Bundesverfassungsgericht den Vertrag 1993 billigte, betonte es, dass die *No-bail-out*-Klausel für die Deutschen zu den Zustimmungsbedingungen gehört hatte, mit deren Wegfall die Vertragsgrundlage zerstört wäre.

Ich empfand das als Sieg unserer Haushaltsdisziplin über die notorischen Schuldenmacher. Auch wenn Euro darauf stand, würde drinnen D-Mark sein – dank strenger Konvergenzkriterien, der *No-bail-out*-Klausel, einer unabhängigen Zentralbank in Frankfurt und strenger Aufnahmeprüfung aller Kandidaten. So misslich es war, auf die verlässliche Währung verzichten zu müssen, erfüllte mich nun doch das Gefühl, dass wir uns etwas Vertrauenswürdiges dafür einhandelten.

Zum leidenschaftlichen Euro-Befürworter wurde ich noch durch ein weiteres Argument, an das unsere Politiker beim

Schnüren des Euro-Pakets gar nicht gedacht hatten: Die Konvergenzkriterien, nach denen ein Haushalt 3 Prozent Neuverschuldung und 60 Prozent Gesamtverschuldung nicht überschreiten durfte, würden auch auf uns selbst Anwendung finden. Nicht nur die anderen Europäer, sondern auch die Deutschen mussten sich in Zukunft mit dem liebgewordenen Schuldenmachen zurückhalten.

Gerade in den 1990er Jahren hatte ich miterlebt, wie verschwenderisch das wiedervereinigte Deutschand mit geliehenem Geld umging. Fast schien es, als wären seit der Verschmelzung von Ost- und West-Mark alle Schleusen geöffnet. Unsere Politiker wurden zu Pumpgenies. Besonders unter Arbeitsminister Norbert Blüm, dem Gewerkschaftler an Kohls Seite, kam es zu einer schier grenzenlosen Verteilung sozialer Wohltaten, die nicht erwirtschaftet, sondern bei den Banken abgeholt wurden, um irgendwann in ferner Zukunft zurückgezahlt zu werden. Übrigens war Blüm der einzige Minister, der sämtliche Kabinettsumbildungen Kohls überstanden hat; in den sogenannten Kanzlerrunden, an denen ich als BDI-Präsident teilgenommen hatte, saß er immer an Kohls Seite. Der kleine Mann kam mir dabei wie eine vergnügte Putte vor, die aus einem riesigen Füllhorn Gaben ausstreut. Wo das Geld dazu herkam, hat ihn so wenig interessiert wie seinen Kanzler.

Die Lust an der Austeilung sozialer Wohltaten, mit denen man das Ost-West-Gefälle auszugleichen und nebenbei Wählerstimmen zu gewinnen hoffte, griff dermaßen um sich, dass es mir nur noch eine Frage der Zeit schien, bis Deutschland genau wie früher Frankreich, Italien oder Spanien auch noch die letzte Scheu ablegen und sich offen zu Inflation, Reformstau und Schuldenmaximierung bekennen würde. Hier kam mir das Maastrichter Konvergenzkriterium der 3 Prozent wie der Zauberstab vor, mit dem sich diese Fehlentwicklung stoppen ließ. Denn nicht länger lautete die Frage, ob Spanien oder Italien die Hürde nahmen, sondern ob wir, die ehemaligen Musterknaben, es schaffen würden. Und wir mussten es – an diesem Prüfstein führte kein Weg vorbei. So bekam Deutschland unversehens die erste Schuldenbremse verpasst, und das erschien mir angesichts der Bonner Spendierhosen wie ein riesiger Fortschritt.

Ich begann, für den Euro zu werben. Seitdem ich 1995 zum BDI-Präsidenten gewählt worden war, reiste ich von Verband zu Verband, von Mittelstandsbetrieben zu Großunternehmen, um die Stimmung für die neue Einheitswährung zu verbessern. Denn nicht nur die Bevölkerung stand einer Abschaffung der D-Mark ablehnend gegenüber, sondern auch die meisten Mitgliedsfirmen unseres Verbands. Zwar hatten wir keine Umfragen veranstaltet, doch war uns aus vielen Gesprächen klar geworden, dass der typische deutsche Mittelständler den Euro nicht wollte.

Zugunsten der neuen Währung sprachen sich dagegen die elitären Kreise aus, etwa die Vorstandschefs der Dax-Firmen, vielleicht auch der MDax-Firmen, wobei die Faustregel galt: je mehr Exportabhängigkeit, umso größer die Zustimmung. Aber die Konzerne bildeten nicht die Realität der deutschen Industrie ab, die sich aus Hunderttausenden kleinen und mittleren Unternehmen zusammensetzt – im Gegensatz zu den meisten Industriestaaten sind die Großunternehmen bei uns in der Minderheit. Obwohl auch viele mittelständische Firmen unter den *competitive devaluation*s litten, den wettbewerbsverzerrenden Abwertungen, die uns immer wieder Marktanteile kosteten, kam ihnen die neue Währung, die hier Abhilfe schaffen sollte, unheimlich vor. Daran änderte auch die Tatsache nichts, dass sich die Präsidenten sämtlicher Wirtschaftsverbände für den Euro ausgesprochen hatten.

Mitte 1995 berief ich im BDI ein »Industrieforum« ein – heute würde man das einen *think tank* nennen –, bei dem zwei Dutzend führende Vertreter der deutschen Wirtschaft darüber diskutieren sollten, welche Konsequenzen der Euro für deutsche Unternehmen mit sich bringen würde. Auch hier zeigte sich deutlich, dass durch die Unternehmenslandschaft ein Riss ging. Wie vorauszusehen, gehörten die Vertreter großer Konzerne zu den Befürwortern. Zwar blieben insgesamt die negativen Stimmen, die sich offen äußerten, in der Minderzahl, doch bemerkte ich, dass es mehr wurden, sobald sich der Zirkel verkleinerte. Offenbar war es schon damals nicht mehr »politisch korrekt«, gegen den Euro zu sein – wie man auch in der Öffentlichkeit Wert darauf legte, als »guter Europäer« zu erscheinen.

Von den Teilnehmern des BDI-Forums wurden immer wieder Bedenken geäußert, dass sich nicht nur in Fragen der Stabilität die »deutschen Verhältnisse« durchsetzen könnten – gemeint war eine fatale Konsequenz unseres bundesdeutschen Finanzausgleichs. »Sie haben die Furcht«, so notierte ich damals, »wir müssten in Zukunft für leichtfertige Budget- und Sozialpolitik anderer Länder eintreten. Man fürchtet, wenn das heute schon in Niedersachsen, Bremen oder im Saarland möglich ist, müsste es ja morgen in Spanien und Italien auch möglich sein.« Offenbar gab es schon 1995 eine Vorahnung, dass trotz *No-bail-out*-Klausel das Modell unseres Länderfinanzausgleichs auch in Europa Schule machen könnte.

Dennoch überwog in unserem Forum die positive Grundeinstellung, wie sich auch in folgender Notiz widerspiegelte: »Durch die Sicherstellung der Disziplin soll der Euro so hart wie die D-Mark werden.« Daran glaubte ich, und das wollte ich im Land als »frohe Botschaft« verkünden. In unzähligen Gesprächen, die ich vor allem in kleinen und mittleren Betrieben führte, ließ ich bewusst die gängigen Argumente wie etwa

Wegfall des Umtauschs beiseite, die sonst für den Euro ins Feld geführt wurden. Stattdessen betonte ich, dass nicht nur dem unfairen Abwertungsdruck der Weichwährungen ein Riegel vorgeschoben würde, sondern dass dank Maastricht endlich wieder die alte Haushaltsdisziplin bei uns Einzug hielte.

Der Euro-Stabilitätspakt würde unsere Politiker bleibend davon abhalten, sich zulasten zukünftiger Generationen weiter zu verschulden. Das war der entscheidende Punkt, und damit habe ich in der Tat gepunktet – übrigens auch bei der Regierung, die großen Wert darauf legte, dass ihr in Fragen Euro-Einführung von Unternehmerseite der Rücken gestärkt wurde. Wie ernst sie es mit den Konvergenzkriterien nehmen würde, das stand auf einem anderen Blatt.

Wer aber sollte neben den »sicheren Kandidaten« in den Euro-Kreis aufgenommen werden? Zur Debatte standen, wie gesagt, die »Wackelkandidaten« Italien und Spanien, in dieser Reihenfolge. Populär war das nicht. Kein Politiker konnte sich hier zu weit aus dem Fenster lehnen, ohne Konsequenzen bei den nächsten Wahlen befürchten zu müssen. Bei den Deutschen galt schon als schlimm genug, die Mark abgeben zu müssen; dass man sich darüber hinaus mit der Lira und ihren vielen Nullen zusammentat, schien geradezu ausgeschlossen, von Spaniens inflationärer Pesete ganz zu schweigen.

Angesichts der berechnenden Zurückhaltung der Politik stellte sich mir damals die Frage, ob nicht der BDI die Initiative ergreifen sollte. Vielleicht konnten wir als Vertreter der deutschen Industrie die Regierungen in Italien und Spanien in ihrem bereits eingeschlagenen Stabilitätskurs unterstützen, ohne den es keine Euro-Mitgliedschaft geben würde. 1996 war mein Freund Romano Prodi, einst Professor für Volkswirtschaft und Industriepolitik in Bologna sowie Mitglied im Beirat der IBM Europa, mit seinem Wahlbündnis »Olivenbaum« zum italienischen Ministerpräsidenten gewählt worden. Im März des folgenden Jahres bin ich mit einer Delegation aus Wirtschafts- und Meinungsführern nach Mailand geflogen, wo wir ihn zu einem entspannten Gespräch über seine Reformpolitik und die Euro-Einführung trafen. Tage später sahen wir ihn in Rom wieder, wo er uns im Palazzo Chigi empfing, um dieselben Themen in einem großen Kreis von Wirtschaftsführern zu diskutieren.

Damals hatte er das Wunder geschafft, seinem Land einen rigorosen Sparkurs zu verschreiben, wodurch die Neuverschuldung auch wegen einer »Eurosteuer« tatsächlich unter die 3 Prozent von Maastricht sank. Dank der Hoffnung auf den Euro hatte Prodi, trotz heftiger Proteste, mehr Reformen durchsetzen können als Dutzende italienischer Nachkriegsregierungen zusammen. Für mich war damit der Beweis erbracht, dass sich die Maastrichter Konvergenzkriterien perfekt als Disziplinierungsmittel für Staatshaushalte eigneten. Von Haus aus Wissenschaftler, informierte Prodi uns ohne das übliche Politikergewäsch über seine Vorgehensweise, deren unbestreitbarer Erfolg mich in meiner Überzeugung bestärkte: Maastricht wirkte, noch bevor der Euro eingeführt war. Nachträglich zeigte sich, dass Prodis Zahlen stimmten; scherzhaft ausgedrückt, haben erst die Griechen mit dem Türken begonnen.

Nach unserer Rückkehr aus Rom habe ich Kanzler Kohl und Finanzminister Waigel über die Gespräche mit Prodi berichtet. Beide zeigten sich beeindruckt und froh darüber, dass ihrem Plan, Italien von Anfang an in den Euro-Verbund aufzunehmen, seitens der Industrie keine Steine in den Weg gelegt würden. Der italienischen Tageszeitung *La Repubblica* teilte ich im Mai 1997 meine Besorgnis mit, dass eine Ausgrenzung Italiens, immerhin Europas drittgrößte Ökonomie, zu gefährlichen Konsequenzen für Deutschland und Frankreich führen konnte, da nämlich die Lira, sobald sie aus dem Euro-Verbund ausgeschlossen wäre, deutlich an Wert verlieren würde.

Italien also hatte »die Kurve gekriegt«. Und was, so lautete die nächste Frage, würde mit Spanien geschehen? Wie Romano Prodi hatte auch Ministerpräsident José Maria Aznar den Euro als eine Herausforderung angesehen, der man auf außergewöhnliche Weise begegnen musste: Während Prodi öffentlichkeitswirksam Haushaltssanierung und Steuererhöhung durchsetzte, lockerte Aznar den Arbeitsmarkt. Bis zu seiner Amtsübernahme war der spanische Arbeitsmarkt dank starker Gewerkschaften und sozialistischer Politiker der blockierteste in Europa gewesen: Man konnte praktisch niemanden entlassen, was zur Folge hatte, dass man höchst ungern jemanden einstellte. Die Arbeitslosenrate von über 20 Prozent, die Aznar vorfand, und ihre finanziellen Folgen hätten mit Gewissheit die Aufnahme in den Euro-Kreis verhindert. Gerade dank der neuen Hartwährung, die sich das Weichwährungsland Spanien ebenso wünschte wie das inflationserprobte Italien, konnte Aznar bei den Gewerkschaften jene Reformen durchsetzen, die sonst niemals möglich gewesen wären. Und wie Prodi war auch er erfolgreich. Durch Maastricht hatte sich Europas wirtschaftspolitische Landschaft eindeutig zum Positiven gewandelt.

Förmlich beflügelt von diesen Entwicklungen, flog eine prominente Industrie-Delegation unter meiner Führung im Dezember 1997 nach Madrid, um sich über die Fortschritte des Landes in Sachen Konvergenzkriterien zu informieren, womit ich die persönliche Hoffnung verband, meine Kollegen mit meiner Euro-freundlichen Einstellung weiter »anzustecken«. VW-Mann Ferdinand Piëch hatte uns mit seinem Firmenflugzeug in Zürich abgeholt, und am nächsten Tag sollte unsere Delegation von Ministerpräsident Aznar im Palacio de la Moncloa empfangen werden. Auf Piëchs Anregung hatte der lokale

VW-Chef dafür gesorgt, dass wir nur mit Audi-Limousinen transportiert wurden. Da er in Madrid nicht über genügend Fahrer verfügte, hatte er in seiner Not Chauffeure aus anderen Städten angefordert, die uns denn auch stolz durch Madrid kutschierten.

Leider war mein Chauffeur, der aus Barcelona stammte, mit den lokalen Verhältnissen wenig vertraut, was wir aber nicht bemerkten, da er kein Wort Deutsch, Englisch oder Französisch sprach. Kurz vor 21 Uhr, als wir zum Abendessen im Palast erwartet wurden, kam es zum Geständnis: Nach langem Herumgekurve, das immer über dieselbe Kreuzung führte, gab er uns gestikulierend zu verstehen, dass er keine Ahnung habe, wo ein Palast namens Moncloa zu finden sei. Nachdem er sich umständlich durchgefragt hatte, fanden wir endlich unser Ziel, doch kamen wir eine halbe Stunde zu spät.

Was ich dabei ausgestanden habe – man kommt nicht zu spät zu einem Präsidenten –, kann man sich vorstellen, zumal mir, als Delegationsleiter, der Platz gegenüber José Maria Aznar reserviert war. Eine halbe Stunde lang hatte der Ministerpräsident einem leeren Stuhl gegenübergesessen. Als ich ihm mit rotem Kopf mein Missgeschick schilderte, bewies er genug Humor, um herzlich mit mir darüber zu lachen.

Leider zeigte sich schon bald, dass die verblüffenden Erfolge unserer südlichen Partner nicht dauerhaft blieben. Kaum waren der Teilnehmerkreis und die bilateralen Wechselkurse 1998 festgelegt, als sich die ersten Stimmen erhoben, die zur Lockerung der strikten Kriterien aufriefen. Man wollte wieder mehr »politischen Spielraum«, sprich Neuverschuldung; außerdem riefen die Sozialpolitiker, denen die Konvergenzkriterien schon damals ein Dorn im Auge waren, zum »Ende der Bescheidenheit« auf. Mehr Geld sollte unters Volk gebracht werden, um den Konsum zu stimulieren. All das war mir längst vertraut, doch dass die alte Leier so schnell wiederkehren würde, hat mich einigermaßen verblüfft. Selbst in Prodis Italien legten die Reformer einen niedrigeren Gang ein, und auch in Aznars Spanien atmete man hörbar durch – so heiß wie gekocht wurde, wollte man offenbar nicht essen.

In der Freude über den Maastrichter Stabilitätspakt hatte man übersehen, dass er in Wirklichkeit gar nicht so stabil war. Man setzte strikte Maßstäbe fest, ließ aber bei deren Kontrolle die Striktheit vermissen. Hans Tietmeyer erinnerte sich, er habe als Bundesbanker »in Gesprächen mit Minister Waigel und seinen Mitarbeitern mehrfach auf die Schwachpunkte dieses Überwachungsverfahrens und die dabei vorgesehene Aufgabenverteilung von Kommission und Ministerrat hingewiesen … Weitergehende Klärungen des Überwachungsverfahrens und Verbesserungen seiner Effizienz konnten jedoch in den Vertragsverhandlungen selbst damals offenbar nicht durchgesetzt werden.«

Dasselbe Problem zeigte sich in Hinblick auf Strafmaßnahmen, falls ein Mitglied die Regeln brach. Offenbar ging man davon aus, dass alle denselben »guten Willen« mitbrachten, weshalb man Drohgebärden als überflüssig erachtete. Bei Tietmeyer und seinen Bundesbank-Kollegen gingen die Alarmglocken, doch die Politiker blieben dafür taub. Geflissentlich übersah man, dass ein möglicher Bruch der Abmachungen nicht die unsicheren Kantonisten am Mittelmeer, sondern hauptsächlich den deutschen Steuerzahler treffen würde. Offenbar wollte man die schöne Harmonie, die sich in Europa eingestellt hatte, nicht durch kleinliche Kontrollmaßnahmen verderben.

Damit war schon 1992 ein Hintertürchen entstanden, das Jahre später klammheimlich geöffnet wurde und heute, wo ich dies schreibe, sperrangelweit offen steht: Wer frevelt, hat wenig zu befürchten. Schon bei Durchsicht des Maastricht-Textes war

Tietmeyer aufgefallen, »dass für die maßgebliche Entscheidung zur Einleitung eines zur Sanktion führenden Verfahrens gegen einen Mitgliedstaat eine mehrheitliche Zustimmung des Ministerrates zum Kommissionsvotum erforderlich sei«. Im Gegensatz zu mir war ihm damals offensichtlich schon klar, »dass es dazu kaum kommen werde, insbesondere dann nicht, wenn mehrere Mitglieder in der Gefahr stünden, dass gegen sie ein ähnliches Verfahren eingeleitet werden könne«. Mit anderen Worten, die potenziellen Angeklagten saßen selbst mit auf der Richterbank.

Noch vor Einführung des Euro – ab 1. Januar 1999 wurde er gesetzliche Buchungswährung – hat das in manchem Beobachter Misstrauen geweckt. Obwohl sich politische Elite und Wirtschaftsführerschaft gleichermaßen auf den Euro festgelegt hatten und ihn, wie ich selbst auch, geradezu herbeiwünschten, wurden doch auch Bedenken angemeldet, und sei es in Hinblick auf die Bundesbank, diese ebenso mächtige wie unabhängige Organisation, die nun bald entmachtet sein würde.

Da ich in jenen Jahren kurze Kommentare für die *Bild*-Zeitung geschrieben habe, kann ich noch recht gut nachverfolgen, wie meine eigene Einstellung sich in den entscheidenden Jahren entwickelt hat. So meldete ich im Mai 2001, als noch die D-Mark im Umlauf war, Bedenken hinsichtlich der Stabilität des Euro an: »Der Euro sinkt und sinkt«, beklagte ich damals – tatsächlich hatte er gegenüber dem Dollar schnell an Boden verloren, von 1,19 Dollar im Januar 1999 sank er auf unter einen Dollar im Jahr 2001. Doch schien mir nicht der Euro selbst daran schuld, sondern die deutsche Politik: »Der Euro ist schwach wegen der Mark!«

Monate vor der offiziellen Ausgabe des Euro-Gelds am 1. Januar 2002 hatte ich die neuen Münzen schon einmal vorgetestet. »Die neuen Euro-Münzen sehen gut aus«, berichtete ich in

Bild, »sie fühlen sich sympathisch an. Vor allem: Sie sind so hart wie die Münzen der Mark!« Das würden sie aber nur bleiben, so fügte ich hinzu, »wenn unsere Finanzpolitiker aufhören, immer neue Schulden zu machen und unsere Sozialpolitiker uns nicht weiter dazu verführen, uns mehr zu leisten als wir leisten – nur dann wird der Euro so hart, wie die D-Mark einmal war«. Leider hat meine Ahnung nicht getrogen.

Bereits im Jahr vor Einführung des Euro als Buchungswährung hatte der Volkswirtschaftler Thilo Sarrazin, damals Geschäftsführer der Treuhandliegenschaftsgesellschaft, seine Gedanken über die neue Währung niedergeschrieben. Obwohl durchaus positiv eingestellt, ließ er doch, was die Ausschaltung der obersten deutschen Stabilitätsgaranten betraf, gewisse Skepsis anklingen. So berichtete er in seinem 1998 erschienenen Buch *Der Euro – Chance oder Abenteuer?* über die Sorgen der Bundesbank, die man beiseitegewischt hatte. Dazu gehörte der Einwand, dass eine Währungsunion »ohne baldige politische Union möglicherweise (oder wahrscheinlich) gar nicht funktionieren werde«, was »insbesondere immer wieder von Vertretern der Deutschen Bundesbank vorgebracht« wurde – »jener Institution«, so Sarrazin weiter, »die in ganz Europa durch die Währungsunion den mit Abstand stärksten Machtverlust erfuhr«.

Normalerweise gehört der Machtverlust einer Riesenbehörde nicht gerade zu den Ereignissen, die Trauer auslösen. In diesem Fall war es anders: Diese Riesenbehörde hatte nämlich all jene politischen Riesenbehörden in Schach gehalten, die sich für die Stabilität der D-Mark als gefährlich erwiesen hatten. Sie war der Garant für eine harte Mark gewesen, an der sich die gewählten Weichmacher die Zähne ausgebissen hatten. Fiel dieser Garant weg, hing die Härte der zukünftigen Währung an der Unabhängigkeit einer EZB, die sich erst noch beweisen musste.

Im März 1998 hatte das deutsche Bundesverfassungsgericht über die Rahmenbedingungen der Währungsgemeinschaft entschieden und dieser großen Sorge Rechnung getragen. Nicht zufällig zitierte Thilo Sarrazin den entscheidenden Passus in seinem Euro-Buch: »Der Unions-Vertrag regelt die Währungsunion als eine auf Dauer der Stabilität verpflichtete und insbesondere Geldwertstabilität gewährleistende Gemeinschaft.« Dieser Vertrag, so das Bundesverfassungsgericht weiter, »setzt langfristige Vorgaben, die das Stabilitätsziel zum Maßstab der Währungsunion machen, die durch institutionelle Vorkehrungen die Verwirklichung dieses Zieles sicherzustellen suchen und letztlich – als ultima ratio – beim Scheitern der Gemeinschaft auch einer Lösung aus der Stabilitätsgemeinschaft nicht entgegenstehen«.

Gerade beim letzten Satz dürften sich manche unserer Politiker die Augen reiben. Erscheint ihnen doch eine »Lösung aus der Stabilitätsgemeinschaft« ähnlich undenkbar wie das Ausscheiden aus der UNO oder der NATO. Aber die Verfassungshüter hatten eben erkannt, dass die Gemeinschaft als solche zwar wichtig war, dass jedoch Stabilität und »insbesondere Geldwertstabilität« noch wichtiger waren. Diese würden, wie die Erfahrung lehrte, ohne strikte Kontrollmaßnahmen und automatische Sanktionen nicht möglich sein. Auch für die EU war der Weg zur Hölle mit guten Vorsätzen gepflastert.

Als dann der entscheidende Schritt vollzogen und die Gemeinschaftswährung eingeführt war – mit schwachem Netz und ohne doppelten Boden –, konnten die Deutschen in der europäischen Presse nachlesen, wer als Verlierer des Deals angesehen wurde. So frohlockte der Londoner *Guardian*, die Euro-Einführung bedeute »die Zähmung der mächtigen Bundesbank und den Tod der D-Mark«. Und Frankreichs *Le Monde* pries als größte Errungenschaft, dass Deutschland »freiwillig seine allmächtige Stellung aufgibt« – man beachte das Wörtchen »freiwillig«. Und dabei hatten nicht nur unsere Politiker, sondern auch wir im BDI geglaubt, dass es die anderen Länder gewesen seien, die freiwillig etwas aufgegeben hatten, nämlich Schuldenmacherei und währungspolitischen Schlendrian.

Dem schien auch so, aber dem war nicht so. Jene europäischen Stimmen, die damals jubelten, dass die »erdrückend dominante Mark zur Strecke gebracht« und der »übermächtigen Bundesbank das Handwerk gelegt« war, wurden in Deutschland überhört.

Schließlich hatte man gegen eine Inflationierung des Euro Dämme errichtet – wie lange sie halten würden, war eine andere Frage.

KAPITEL SECHS

Als die Dämme brachen

Als ich Anfang September 2010 im Flugzeug nach Frankfurt saß, entdeckte ich ein paar Reihen vor mir Jürgen Stark, jetzt Chefvolkswirt der EZB, der mich bei jenem Euro-Meeting in den 90er Jahren mit dem Kalauer »Es gilt das gebrochene Wort« erheitert und zugleich nachdenklich gemacht hatte.

Ironie des Schicksals: Als ich ihm jetzt die Hand schüttelte, bemerkte ich, dass er den anderen Arm in einer Schiene trug. Ich blickte hin, dann auch er, und wir mussten beide lächeln. »Ich hoffe«, sagte ich, »Sie haben ihn sich nicht beim Versuch gebrochen, die EZB vom Ankauf der Staatsanleihen aus Griechenland, Irland und Portugal abzuhalten.«

Wir lachten, obwohl uns gar nicht danach zumute war. Mit welchen Erwartungen hatten wir vor fünfzehn Jahren die Einführung des Euro herbeigewünscht, und mit welcher Beklommenheit sahen wir jetzt den nächsten Tiefschlägen entgegen, die ihn treffen würden! Aus dem Scherz vom »gebrochenen Wort« war Ernst geworden, die Bundesbank als Stabilitätsgarant war ausgeschaltet und der Maastricht-Vertrag zur unverbindlichen Absichtserklärung degradiert.

Welch ein Niedergang! Noch die Einführung des Euro am 1. Januar 2002 als Zahlungsmittel für jedermann hatte eine logistische Meisterleistung der Bundesbank dargestellt, was nicht weiter verwunderte, da schon die Währungseinheit der beiden deutschen Staaten reibungslos über die Bühne gegangen war.

Zum Ärgernis dagegen entwickelte sich die Preisumstellung, die in vielen Branchen nicht 2:1 erfolgte, wie es dem offiziellen Kurs entsprach, sondern mit 1:1 angegeben wurde. Ich erinnere mich, dass in Berlin eine Bratwurst mit Kartoffelsalat plötzlich den Betrag in Euro kostete – ich glaube, 3,60 –, der vorher in D-Mark zu bezahlen war.

Bald konnte man in der *Bild*-Zeitung in Balkenschrift lesen: »Ist der Euro ein Teuro?« Obwohl die rhetorische Frage ein weit verbreitetes Gefühl wiedergab, habe ich dem in meinem Kommentar in dieser Zeitung am 9. März 2002 widersprochen. Nein, schrieb ich, »der Euro ist hart!« Zwar gab es im Dienstleistungssektor manche Erhöhungen – zum Spaß erwähnte ich den Punker, der einen früher um eine Mark anhaute und heute »'nen Euro« will –, doch die Hauptausgaben waren gleich geblieben und, wie sich mit dem statistischen Warenkorb belegen ließ, auch die Lebenshaltungskosten. Ich fürchte aber, mein Plädoyer konnte die Leser nicht wirklich überzeugen.

Trotz der verbreiteten Skepsis war der Euro stabiler als die D-Mark, die in der Endphase sogar zur Inflation neigte. Auch konnte man sich in diesem Fall durchaus nicht auf das Gefühl verlassen. Meine Frau Bettina, Psychologieprofessorin an der TU Berlin, wies mich damals darauf hin, dass sich Preiserhöhungen dem Gedächtnis viel stärker einprägen als Preissenkungen oder gar gleichbleibende Preise. Man merkt sich eben, wenn etwas teurer wird; dagegen hakt man stabile Preise als selbstverständlich ab. Gerade damals sanken die Preise für PCs, Fernseher oder Digitalkameras erheblich – doch unvergessen blieb die teurere Currywurst.

Auch wegen dieser Selbsttäuschung hat es der Euro nie in die Herzen der Deutschen geschafft, die nun einmal für die D-Mark schlagen. Nur eine Phase gab es, kurz nach der Einführung, als die Menschen sich von der Begeisterung der Medien mitreißen ließen und mehrheitlich die neue Währung befürworteten. Doch das ging schnell vorüber, und manche haben sich bis heute nicht an die bunten Scheine gewöhnt, die als nüchtern und einfallslos gelten, und die Münzen, die für manche schwer zu unterscheiden sind und »schmuddelig« wirken wie alte Peseten.

Für die Wirtschaft dagegen waren die Vorteile sogleich unübersehbar, vor allem, weil es die gefürchteten *competitive devaluations* nicht mehr gab, mit denen wettbewerbsschwächere Länder die Wechselkurse zugunsten der eigenen Industrie manipuliert hatten. Und auch unsere Politiker schienen die Forderungen ernst zu nehmen, die sich aus dem Stabilitätspakt ergaben. Sie hielten sich eine Zeitlang mit dem Schuldenmachen zurück, das ich einmal mit der Trunksucht verglichen habe: Jeder Schluck aus der Pulle führt zu neuem Durst, und der Effekt des Alkohols baut die Hemmungen ab, diesen Durst durch den nächsten Schluck zu löschen.

Die Flitterwochen des Euro endeten abrupt, als Rot-Grün, vertreten durch Finanzminister Hans Eichel, mit der Abstinenz brach. Schon bei Einführung der neuen Währung war in Brüssel klar, dass Deutschland das fröhliche Schuldenmachen wieder aufgenommen hatte und der einstige Hort der Stabilität selbst zum »Defizitsünder« geworden war. Hatte Gerhard Schröder die Wahl 1998 noch mit dem Versprechen weitgehender Reformen gewonnen, war er dann doch auf das bewährte Mittel des Schuldenmachens verfallen, das erstens bequem war und zweitens bei den Menschen gut ankam. Spätestens im Juli 2002 wusste das Bundesfinanzministerium, dass Deutschland das Maastricht-Kriterium erneut reißen und bei rund 3,4 Prozent Neuverschuldung landen würde, im Folgejahr sogar bei 3,8 Prozent.

Für meine Einstellung zum Euro bedeutete das eine Zäsur. Ausgerechnet das Land, dem am meisten an einem starken

Euro gelegen sein musste, weil es für ihn am meisten aufgegeben hatte, war munter zur alten Schuldenpolitik zurückge-
kehrt, als wäre nichts geschehen. Und das, wie ich betonen
muss, ohne triftigen Grund: Weder gab es eine Finanzkrise,
noch eine Naturkatastrophe, noch war ein Rettungspaket zu
schnüren. Die Schröder-Regierung konnte nichts vorbringen,
was ihr das Recht gegeben hätte, das »eiserne« 3-Prozent-Limit
zu übersteigen. Sie tat es einfach. Mit schröderscher Selbstge-
fälligkeit und eichelschem Grinsen setzte man sich über Maastricht hinweg. Mir ist damals förmlich schlecht geworden.

Nein, Rot-Grün hatte keinen zureichenden Grund, die Verträge zu brechen. Aber einen Anlass: Am 22. September 2002
fanden Bundestagswahlen statt, und man wollte dem Wähler
mit sozialen Wohltaten die Entscheidung erleichtern. Es klappte auch. Mit Speck fängt man Mäuse, heißt es, und niemand
fragt danach, wer eigentlich für den Speck bezahlen wird.

Auch in Frankreich nicht. Dort hatte Schröders Partner,
Staatspräsident Chirac, beeindruckend vorgelegt, indem er im
Juni die Parlamentswahlen mit einem »Erdrutschsieg« gewonnen hatte. Das ermutigte ihn offenbar, die Maastricht-Limits,
die er zuvor unterstützt hatte, zugunsten einer generöseren
Haushaltsplanung nach oben zu korrigieren. Im Gleichschritt
mit Deutschland war auch der andere Champion des Euro zum
Defizitsünder geworden. Die Gärtner entpuppten sich als Bö-
cke.

Besonders empörte mich dabei, dass Brüssel das Defizitverfahren, das gegen die beiden Großen angestrengt wurde, einfach ausgesetzt hat, was ja nichts anderes bedeutete, als dass die
Angeklagten den Prozess, der gegen sie geführt werden sollte,
selbst abwürgen konnten. Es mussten sich nur genügend Regierungschefs finden, die Deutschland und Frankreich vom
Haken ließen – was Schröder und Chirac schon deshalb mühe-

los gelang, weil ihre Helfer entweder selbst schon zu Sündern geworden waren oder vorhatten, dies demnächst zu werden. Die Europäische Union war plötzlich zur Komplizenschaft geworden, die sich gegenseitig den Bruch von Regeln gestattete, die man zuvor unter Mühen aufgestellt hatte.

Natürlich konnte das einem gelernten Wissenschaftler wie Romano Prodi, der seit 1999 EU-Kommissionspräsident war, nicht gefallen. Während die Großen kraft ihrer Vormachtstellung die Verträge brachen und auch die Kleinen bereits auf eine Revision, sprich Abmilderung des Regelwerks, drängten, hielt der Wirtschaftsprofessor am Pakt fest. »Es gibt keine Regeln à la carte«, zürnte er damals, womit er mir aus dem Herzen sprach; ebenso positiv empfand ich, dass er die Aussetzung des Defizitverfahrens und den Verzicht auf die vorgesehenen Milliardenstrafen kritisierte. Schon 2003 forderte er eine »verbesserte ökonomische Aufsicht« über jene Regierungen, die, wie sich gezeigt hatte, der EU auf der Nase herumtanzten – auch wenn er sich, wie man hinzufügen muss, bei den Stabilitätskriterien »mehr Flexibilität« gewünscht hat. Übrigens hatte auch Aznars Finanzminister Rodrigo Rato die Aussetzung des Sanktionsverfahrens als »schwerwiegenden Fehler« kritisiert. »Diejenigen, die diese Entscheidung getroffen haben«, forderte der Spanier, »müssen die Verantwortung dafür übernehmen.«

Natürlich taten ihm Deutschland und Frankreich diesen Gefallen nicht. Nur so lange hielten sie sich an den vorgegebenen Stabilitätskurs, wie es für die Aufnahme in den Euro-Kreis nötig war. In dieser Zeit handelten sie verantwortlich und wirkten für die kleineren Staaten, die sich mit dem Sparkurs schwer taten, als Vorbild. Die kurzfristige Disziplin, der sich Deutschland und Frankreich unterwarfen, führte dazu, dass der Franc ebenso hart wurde wie die D-Mark. Mir war zudem aufgefallen, dass die *Banque de France*, die sich traditionell den politischen Direktiven des Elysée-Palastes zu unterwerfen hatte, an Selbstbewusstsein gewann.

In Gestalt ihres damaligen Präsidenten, Jean-Claude Trichet, fuhr sie gegenüber Jacques Chirac einen ähnlich souveränen Kurs wie Hans Tietmeyer gegenüber Helmut Kohl. Ohne diese offen demonstrierte Unabhängigkeit hätte Trichet keine Chance gehabt, zum Nachfolger des ersten EZB-Präsidenten Wim Duisenberg gewählt zu werden –wobei dies nicht einmal der treffende Ausdruck ist: Nachdem 1998 der langjährige niederländische Zentralbankchef – seine Unabhängigkeit demonstrierte er schon durch seine Frisur, den weißen Wuschelkopf – zum ersten EZB-Präsidenten gewählt worden war, kam es zu einer heftigen Intervention Frankreichs, das nicht verwinden konnte, bei der Wahl des EZB-Standortes leer ausgegangen zu sein.

Da man die Niederlage des eigenen Kandidaten Trichet nicht akzeptieren wollte, der die Wahl gegen Duisenberg verloren hatte, setzte man wenigstens durch, dass der Niederländer sich die achtjährige Amtszeit mit dem Franzosen hälftig teilen sollte. Wirklich übergab Duisenberg 2003 sein Amt an Trichet und starb schon eineinhalb Jahre später. Auf allen Euro-Scheinen, die bis zu seinem Ausscheiden gedruckt wurden, ist seine Unterschrift noch zu sehen.

Das Defizitverfahren von 2002/2003 und seine unrühmliche Abbügelung stellten für mich den ersten Sprung in der Euro-Schüssel dar. Der zweite erfolgte durch Griechenland. Damit meine ich nicht den später drohenden Staatsbankrott, der Europa in seinen Grundfesten erschütterte, sondern das, was ihm vorausging: die überraschende Aufnahme dieses Landes in die Euro-Gemeinschaft. Noch im März 1998 hatten die EU-Kommission und das Europäische Währungsinstitut (EWI), der Vorläufer der EZB, Griechenland als Euro-Kandidaten abgelehnt. Und obwohl man das Land niemals in die Währungsuni-on hätte aufnehmen dürfen, stimmten die EU-Finanzminister im Juni 2000 auf höhere Weisung dafür. Keiner ahnte, dass die Zahlen, die ihnen vorgelegt wurden, nicht der Wahrheit ent-sprachen – doch ich wette, sie hätten auch zugestimmt, wenn sie die wahren Zahlen gekannt hätten. »Europa über alles«, lau-tete die Devise, der Rest würde sich schon finden.

Das Schummeln hatte übrigens Methode, vielleicht weil Hel-las den »listenreichen Odysseus« als Nationalheiligen verehrt: Als es 2004 zum ersten griechischen Statistikskandal kam, stellte sich heraus, dass schon von 1997 bis 2000 ein viel zu niedriges Staatsdefizit nach Brüssel gemeldet worden war. Die 2 Prozent, die man stolz im Jahr der Aufnahme verkündet hat-te, mussten rückwirkend auf 4,1 Prozent hochkorrigiert wer-den. Der Schuldenberg, der damit sichtbar wurde, erschien selbst dem erfahrenen Jean-Claude Trichet als »großes Pro-blem«. Immerhin wurde das Land anschließend unter Aufsicht gestellt, doch wie sich zeigte, mit wenig Erfolg.

Der Beitritt Griechenlands zum Euro basierte also, wie der damalige Finanzminister Hans Eichel später bekannte, auf ei-nem »offenkundigen Schwindel«. Der Schwindel war aber gar nicht der entscheidende Grund für die Aufnahme gewesen: In Wahrheit wurde sie durch die politische Entscheidung von Jac-ques Chirac und Gerhard Schröder durchgesetzt, die unbe-dingt ihre griechischen Freunde im Boot haben wollten. Als Wirtschaftswissenschaftler und Ökonomen öffentlich davor warnten, wurde die Frage der Stabilität dieses Bootes als Ne-bensache abgetan.

Das fiel umso leichter, als man auf die Marginalität Griechen-lands hinweisen konnte, das gerade einmal 3 Prozent des euro-päischen Bruttoinlandsprodukts (BIP) erwirtschaftete. Man übersah, dass zur Auslösung einer Lawine ein winziger Schneeball genügt. Dieser Schneeball war Griechenland. Oder um es mit einem anderen Bild zu veranschaulichen: Im gleichen Jahr, als die Deutschen ihre ersten Erfahrungen mit dem neuen Geld sammelten, wurde durch die Aufnahme Griechenlands und den deutsch-französischen Bruch der Maastricht-Kriterien die Axt oder besser: die Säge an den Stamm gelegt, die erst langsam, dann immer schneller und ab 2010 mit atemberaubendem Tempo an der Währung – und damit an der Gemeinschaft selbst – zu sägen begann.

Was unser Land betraf, ist mir dieser abschüssige Weg relativ schnell klar geworden. Wenn wir die Maastricht-Kriterien einhalten wollten, ohne die der Euro zur Weichwährung würde, mussten wir die Politik unseres Landes radikal verändern – weg vom Schuldenstaat und hin zu dem, was ich die »Reform der Reformfähigkeit« nannte. Dass Deutschland so unbeweglich und blockiert ist, hängt wesentlich mit der politischen Entscheidungsfindung zusammen, die den Status quo ebenso liebt, wie sie Veränderung fürchtet. Während das Überleben eines Unternehmens von seiner permanent geübten Innovationsfähigkeit abhängt, die sich im Wettbewerb mit der Konkurrenz zu bewähren hat, setzt unsere Politik auf die altbewährten Rezepte, mit denen man sich von Wahl zu Wahl rettet, wobei man vorher verspricht, was man hinterher bricht. Was sich bei uns Politik nennt, erschöpft sich im teuren Anwerben neuer Wähler und noch teureren Reparieren der dadurch entstandenen Schäden.

Um eine Politik der Selbsterneuerung anzustoßen, habe ich zusammen mit dem Unternehmensberater Roland Berger den »Konvent für Deutschland« ins Leben gerufen, der Ideen erarbeiten soll, mit denen sich Grundgesetz und EU der veränderten globalen Situation anpassen lassen. Ab Herbst 2002 gewannen wir eine Reihe prominenter Mitstreiter aus allen politischen Parteien – siehe *www.konvent-fuer-deutschland.de* –, die gemeinsam an einer Rundumerneuerung unseres politischen Systems arbeiten, ohne dabei auf Parteien oder *political correctness* Rücksicht nehmen zu müssen.

Eines unserer Projekte, die Reform des föderalen Systems, wurde von der Föderalismuskommission unter Edmund Stoiber und Franz Müntefering aufgenommen und schließlich 2006 als Föderalismusreform I verwirklicht. Zu unserer Enttäuschung hatten sie dabei das Wichtigste ausgeklammert, nämlich die Änderung der Finanzverfassung, die als Transfergemeinschaft eben das verhindert, was für das Funktionieren jeder Art von Gemeinschaft, sowohl einzelner Menschen wie ganzer Staaten, unverzichtbar ist: den Wettbewerb.

Die Finanzverfassung, die der »Konvent« vorschlug, würde den Ländern mehr Verantwortung zugestehen, dazu den Kommunen eine eigene Steuerhoheit, die es den Bürgern ermöglichte, selbst darüber zu entscheiden, ob sie, sagen wir, lieber ein neues Schwimmbad hätten oder niedrigere Steuern. Als durch die Finanzkrise eine gewaltige Neuverschuldung nötig wurde – auch darüber habe ich in *Die Abwracker* geschrieben –, hat man in der Großen Koalition eine Föderalismusreform II auf den Weg gebracht.

Wieder mischte sich der »Konvent für Deutschland« ein und übergab den Mitgliedern der Kommission entsprechende Vorschläge, die, wie vorauszusehen, wiederum ausgeklammert wurden, weil sie »ans Eingemachte« gingen. Zumindest hat man sich 2009 zu einer »Schuldenbremse« durchgerungen, die von der Föderalismuskommission beschlossen wurde. Leider brachte die Politik nicht die Kraft auf, diese unbeliebte Maßnahme ihrer eigenen Generation zu verschreiben, sondern legte sie, unter Änderung der Verfassung, kommenden Generationen ins Nest: Für den Bund greift sie erst ab 2016, für die Länder ab 2020.

Nachdem auch 2010 wieder die Maastricht-Kriterien der 3 Prozent Neu- und 60 Prozent Gesamtverschuldung gebrochen werden, bleibt diese Schuldenbremse unsere einzige Hoffnung, eine vage Hoffnung, wie man zugeben muss: Irgendwie erinnert sie mich an die eilig gefüllten Sandsäcke, die am Ufer aufgehäuft werden, um einer wachsenden Flut zu trotzen, wobei natürlich keiner weiß – und das gibt der Übung ihren verzweifelten Anstrich –, wie schnell und wie hoch das Wasser noch steigen wird.

Ein Hauch Vergänglichkeit liegt ohnehin schon über dieser Schuldenbremse. Wie man sie mit Zweidrittel-Mehrheit ins Grundgesetz hineingeschrieben hat, kann man sie mit derselben Mehrheit wieder herausnehmen. Würde man sie heute, im Spätherbst 2010, in Bundestag und Bundesrat einbringen, würde sie schon keine Mehrheit mehr finden.

Oft habe ich mich gefragt, wieso gerade die linken Regierungen eine solche Vorliebe fürs Schuldenmachen hegen. Man kann dies in Europa so gut wie in den USA beobachten, wo die Republikaner für Schuldenabbau und niedrigere Staatsausgaben plädieren, es sei denn sie haben einen teuren Krieg angezettelt, während die Demokraten, jetzt vertreten durch Barack Obama, das geliehene Geld mit beiden Händen ausgeben. Dasselbe lässt sich in den Medien verfolgen: Linke Blätter wie *Die Zeit*, *Die Süddeutsche* oder die *taz* haben sozusagen die sozialen Spendierhosen an, während konservative wie die *FAZ* oder *Die Welt* zu mehr Austerität raten. Auch für deutsche Sozialpolitiker, Gewerkschaftler oder öffentlichkeitsbewusste Wissenschaftler gilt das Schuldenmachen, wenn es »einem guten Zweck« dient, geradezu als moralische Pflichtübung, während die Vorstellung, Haushaltsdisziplin zu üben und den sprichwörtlichen Gürtel enger zu schnallen, Stirnrunzeln erzeugt. Wie gesagt, für dieses Phänomen fehlt mir eine Erklärung – Belehrungen per E-Mail sind jederzeit willkommen.

Zurück zum »Schneeball« Griechenland. Übersehen wurde bis heute, dass dieses Land nicht nur durch eigene Machenschaften, sondern durch die EU selbst in seine fragwürdige Lage kam oder anders gesagt: Griechenland war zwar der Schneeball, der die Lawine ins Rollen brachte, aber geformt haben ihn andere.

Dank der großzügigen Patronisierung von Chirac und Schröder erhielten die Griechen mit der Einführung des Euro Zugang zu billigen Krediten. Und die sind bekanntlich der Traum jedes Politikers, der seinem »sozialen Gewissen« gern die Zügel schießen lässt. Bis dahin galt, dass je stabiler eine Volkswirtschaft ist, desto niedriger die Zinsen, die sie für geliehenes Geld – »Staatsanleihen« – aufzubringen hat. Die Bundesbank etwa musste, dank der Stärke der D-Mark und der damit verbundenen niedrigen Inflation, relativ wenig zahlen, um an Kredite zu kommen, was natürlich für das Land, aber auch seine spendablen Politiker einen gewaltigen Vorteil brachte – unter anderem gegenüber jenen europäischen Freunden, die über schwächere Volkswirtschaften und eine schlappe Währung verfügten, wie Griechenland.

In dem Augenblick, als über Europa die Sonne des Euro aufging, die, wie es in der Bibel heißt, »über Gut und Böse gleichermaßen scheint«, bedeutete das für Länder wie Griechenland, dass sie in den Genuss der niedrigen Zinsen kamen, die sonst das Privileg der D-Mark gewesen waren – was nur vernünftig schien, da man den Euro wiederum mit den Stabilitätskriterien ausgestattet hatte, die zuvor für die deutsche Währung galten. Die Inflation des Euro erwies sich, im Vergleich zur »späten« D-Mark, sogar als geringer, so dass die Zinsbelastung für geliehenes Geld noch niedriger ausfiel.

Versetzt man sich in die Lage der griechischen Politiker, sahen sie sich einer komplett verwandelten Welt gegenüber: Über Nacht waren sie die fußkranke Drachme los, das Kummergeld der Wechselstuben, und hielten stattdessen den markigen Euro in der Hand: Welche Genugtuung und zugleich – welche Versuchung! Es war, wie wenn Sohnemann plötzlich Papis goldene Kreditkarte in Händen hält. Der griechische Sozialpolitiker, gleich ob links oder rechts, fühlte seine Stunde gekommen, endlich über dem darbenden Volk das Füllhorn auszuschütten. Durch die reduzierte Zinsbelastung wurde schlagartig viel Geld im Haushalt frei, über das man nach Belieben disponieren konnte. Und man tat es nach Kräften.

Wenn unsere Öffentlichkeit sich 2010 darüber empörte, dass die Griechen sich auf unsere Kosten einen faulen Lenz machten und wir, wie es so schön hieß, erst mit 65 in Rente gehen durften, bald mit 67, damit sie es schon mit 60 konnten, dann übersah man, dass wir selbst ihnen diese Möglichkeit auf dem Silbertablett präsentiert hatten. Die Hauptschuld am Griechenland-Debakel lag bei jenen, die dem armen Land die reiche Währung Euro zugeschanzt hatten.

Allerdings machten sich die Griechen mitschuldig. Von den Statistiktricks einmal abgesehen, hätten sie das nun reichlich vorhandene Geld anders verwenden müssen. Die logische Konsequenz wäre nämlich gewesen, dass man, bevor man sich in die Orgie des Ausgebens stürzt, erst einmal die inzwischen auf Euro lautenden Schulden zurückzahlt, die bereits olympische Höhen erreicht hatten. Und man hätte sich gleichzeitig an die Aufgabe wagen müssen, der sich bereits Italien und Spanien unterzogen hatten: das eigene Wirtschafts- und Sozialsystem zu reformieren, um ihm zu Europa- und Euro-Tauglichkeit zu verhelfen.

Die notwendigen Reformen, die Athen hätten einführen müssen, wurden jedoch ebenso unterlassen wie die Modernisierung der Industrie. Man ruhte sich sozusagen auf Lorbeeren aus, die andere erworben hatten. Und sackte noch dazu Jahr für Jahr ab, da die Wirtschaft immer konkurrenzunfähiger wurde: Denn während früher die Drachme gegenüber der D-Mark regelmäßig abgewertet wurde und dadurch die Angebote des Landes, ob landwirtschaftliche Produkte oder touristische Dienstleistungen, preislich attraktiv blieben, entfiel nun diese Möglichkeit der *competitive devaluation* und damit die Konkurrenzfähigkeit.

Der Euro, der Athen auf der einen Seite unverhofften Aufschwung gebracht hatte, sorgte auf der anderen für unerwarteten Abschwung. Teure heimische Exportwaren verloren ihren ausländischen Markt, und selbst der einfache Bürger konnte sich weiterhin relativ billige Importwaren leisten. All diese Nebenwirkungen wären verhindert worden, wenn man wie Prodi und Aznar die nötigen Reformen angepackt hätte – Ministerpräsident Papandreou hat im Mai 2010 notgedrungen damit angefangen. Ob sein im eigenen Land umstrittener Versuch langfristig den Umschwung bringen wird, steht auf einem anderen Blatt. Solche Maßnahmen wären schon vor der Einführung des Euro vernünftig gewesen, jeder Volkswirtschaftler hätte das den Griechen vorrechnen können – aber seit wann handeln Politiker vernünftig, wenn sie doch immer schon die nächsten Wahlen im Auge haben?

Vom Augenblick der Euro-Einführung an entbrannte in Griechenland der übliche Versteigerungswettbewerb, wie wir ihn auch aus unserem Land kennen. Beim Konkurrenzkampf »Wer ist der Sozialste?«, »Wer ist der Arbeiterfreundlichste?«, »Wer hat das größte Herz für die kleinen Leute?« möchte jede Partei den Sieg davontragen. Nichts anderes geschah in Athen. Gesponsert durch die Solidität des Euro, brach Wohltätigkeit ohne Ende aus.

Dem Entgegenkommen, das man den Lohnempfängern und sozial Schwachen zeigte, entsprach die Nachsicht gegenüber den Steuerzahlern. Der griechische Staat, offenbar auf beiden Augen blind, behandelte die Steuererklärungen seiner Bürger mit derselben zarten Rücksicht wie Brüssel die griechischen Statistiken. Wer Athen besucht – als IBM-Chef war ich des Öfteren auch beruflich dort –, wird bemerken, wieviele Gutbetuchte dort leben, die aus ihrem üppigen Wohlstand kein Hehl machen. Man findet dort ebenso viele Mercedes und BMW wie etwa in Hamburg oder London. Als das Finanzministerium die Reichenvororte per Luftfotografie evaluierte, stellte sich heraus, dass es dort statt der in den Erklärungen angegeben 324 privaten Swimmingpools rund 17 000 gab.

Laut *Welt am Sonntag* werden die alljährlich in Hellas hinterzogenen Steuern auf 10 Prozent der gesamten Wirtschaftsleistung geschätzt, das sind 25 Milliarden Euro. Ein Grund für diese erfolgreiche Praxis dürfte laut *WamS* darin liegen, dass »hohe Beamte und Funktionäre an der Steuerhinterziehung kräftig mitverdienen«. Das gilt auch für die »unzähligen Scheinfirmen«, mit deren Hilfe fiktive Betriebsausgaben von der Steuer abgesetzt werden. Viele dieser Briefkastenfirmen »gehörten hohen Finanzbeamten oder Funktionären der Parteien. Sie haben kein Interesse daran, dass sich das System ändert«.

Zusammen mit der Drachme war man in Griechenland den Zwang zu jeglicher Zurückhaltung losgeworden. Man konnte mit der Hartwährung auftrumpfen, und wo es an Geld fehlte, lieh man sich billige Euros von netten Bankern in Paris und Frankfurt. Eine ähnliche Unbekümmertheit zog auch bei den anderen Euro-Profiteuren ein, die ihren portugiesischen Escudo, ihre spanische Pesete, ihre italienische Lira oder ihr irisches Pfund gegen eine weitaus bessere Währung eingetauscht hatten. Allerdings bestand der wesentliche Unterschied, dass bei den griechischen Politikern zusätzlich eine gewisse, sagen wir es ruhig: kriminelle Energie am Werk war, um die sich anbahnende Katastrophe vor jenen, die davon betroffen sein würden, zu vertuschen – wobei jene natürlich Mitschuld tragen, die sich diese Vertuschung sehenden Auges gefallen ließen.

Vermutlich wäre das ganze Ausmaß der Athener Tricksereien bis heute nicht aufgefallen, wenn es nicht 2007 zur großen Immobilien- und Bankenkrise gekommen wäre. Ausgelöst durch faule *subprime*-Kredite in den USA und deren Weiterverkauf in getürkten Schrottpapieren, zum Beispiel den notorischen *asset backed securities*, drohte dem weltweiten Finanzsystem ein Kollaps, der nur durch große Mengen an Steuergeldern verhindert werden konnte – Schätzungen zufolge dürften die Deutschen mit rund fünfzig Milliarden Euro zur Kasse gebeten werden, nicht gerechnet die noch viel größeren Bürgschaften, die in die Hunderte Milliarden gehen. Es war der größte Schock, der die deutsche Wirtschaft seit Jahrzehnten getroffen hatte, und die Nachbeben sind noch lange nicht vorüber – ich erwähnte bereits die Vierzig-Milliarden-Bürgschaft für die Hypo Real Estate vom September 2010, die erahnen lässt, was noch auf uns zukommen könnte.

Als man das Gröbste überstanden zu haben glaubte und sich sozusagen den Schweiß von der Stirn wischte, klopfte Athen an die Brüsseler Tür. Die Griechen hatte man schon deshalb nicht auf der Rechnung gehabt, weil sie auf der europäischen Wirtschaftsrangliste nur als Zwerg rangierten. Wie sich zeigte, können auch Zwerge Riesenschulden machen – und diese, gerade weil sie selbst so winzig sind, auch perfekt vertuschen.

Das Klopfen der Griechen war ein Notruf: Man sei überschuldet, brauche dringend flüssiges Geld. Für diesen Fall gibt es im Maastricht-Vertrag eigentlich den Artikel 125 mit der *No-Bail-out*-Klausel: Schulden, die ein Mitgliedsstaat macht, müssen nicht von anderen Staaten übernommen werden. Das war Gesetz, und die Ablehnung des griechischen Ansinnens, nun mit frischen europäischen Krediten ausgelöst zu werden, hätte keines Nachdenkens bedurft. Übrigens hat Angela Merkel spontan richtig reagiert, indem sie öffentlich vorschlug, Griechenland solle den Euro-Verbund verlassen. Jedoch stellte sich schnell heraus, dass dies – was die Kanzlerin offenbar nicht wusste – nach Vertragslage gar nicht möglich war. Wenn ein Land dies nicht selbst verlangt, kann es auch nicht dazu gezwungen werden – ja selbst, wenn es dies wollte und ein anderes Mitglied ein Veto einlegte, müsste es im Verbund bleiben. Offenbar wollte man, als diese Regelung vereinbart wurde, die europäische Einheit haben, und zwar »auf Teufel komm raus«.

Nach Merkels auf Unkenntnis beruhendem Vorschlag, die Griechen wieder in die Unabhängigkeit zu entlassen, war tatsächlich der Teufel los: Die Europäer warfen ihr Nationalegoismus und Europafeindlichkeit vor, die deutsche Opposition lief Sturm gegen ihre »mangelnde Solidarität« – und beide zusammen machten die Kanzlerin für die Verschlimmerung der Krise verantwortlich, da sich mit jedem Tag die finanzielle Situation der Griechen weiter verschlechterte. Dass gleichzeitig der Euro-Kurs sank, trug ebenfalls zur Dramatik bei.

Immerhin führte Merkels Zögern dazu, dass Griechenland sich zum ersten Mal nach dem Krieg zu Maßnahmen durchringen musste, den Staatshaushalt wieder in den Griff zu bekommen – ob diese langfristig von Erfolg sein werden, darf bezweifelt werden. Ich persönlich glaube es nicht, zumal an den ersten begeisterten Sparbeschlüssen bereits Abstriche vorgenommen wurden und erneut nichts so heiß gegessen wird, wie es gekocht wurde.

Dasselbe gilt für das ganze Rettungspaket, dessen ungeheures Volumen seltsam mit der Hast kontrastiert, mit der man es geschnürt hat. Auch die eigentlichen Hüter der Maastricht-Verträge ließen sich damals von der allgemeinen, durch Präsident Sarkozy angeheizten Hektik anstecken. Besonders gewundert habe ich mich, dass ausgerechnet Jean-Claude Trichet, als EZB-Chef zur Wahrung der Verträge verpflichtet, schnelle Zahlung empfahl und die Klausel sogar mit einem spitzfindigen Argument relativierte.

Im Juni 2010 erklärte Trichet der *Welt*, er begreife nicht, wie die Deutschen überhaupt Probleme mit diesem Passus haben können. »Die No-Bail-out-Klausel heißt«, so der oberste Währungshüter, »dass es keine Verpflichtung zu Subventionen und Transfers gibt. Aber sie heißt nicht, dass in außergewöhnlichen Umständen ein Land einem anderen Land keinen Beistand gewähren kann.«

Mit Verlaub, das ist ungefähr so, wie wenn ein Verschwender und ein Sparsamer gemeinsam auf die Kirmes gehen, wobei der Sparsame nur unter der Bedingung mitkommt, dass keiner dem anderen im Notfall mit Geld aushelfen muss. Der Notfall ist schnell da, der Verschwender hat alles ausgegeben und braucht dringend frisches Geld. Als der Sparer auf ihre Übereinkunft verweist, trumpft der Verschwender auf: »Diese Abmachung besagt lediglich, dass du mir nicht helfen *musst*. Sie sagt nicht, dass du mir nicht helfen *darfst*.«

Übrigens war es nicht nur Griechenland, das an die Tür der Europäer klopfte, sondern auch umgekehrt kündigte sich Besuch an. Schon im Vorjahr hatte die Aufsichtsbehörde Eurostat entdeckt, dass es in Athen dauerhaft nicht mit rechten Dingen zuging. 2009 wurde ein neuerliches Defizitverfahren eingeleitet, nachdem es zwei Jahre zuvor vorübergehend eingestellt worden war, und es zeigte sich, dass die griechischen Behörden wieder das Blaue vom Himmel heruntergelogen hatten. Die griechische Staatsbank, die wusste, wovon sie sprach, hielt im Oktober

2009 ein Defizit von über 12 Prozent für möglich, und selbst das war noch untertrieben. Die Lawine kam ins Rutschen.

Damals meldete sich einer der Architekten der europäischen Geldpolitik warnend zu Wort. Der Euro-Spezialist Otmar Issing war von 1998 bis 2006 Chefvolkswirt der EZB gewesen – und damit der Vorgänger von Jürgen Kraft – und hatte schon früh auf die Risiken aufmerksam gemacht, die sich aus der reflexhaften »Solidarität mit Griechenland«-Parole ergaben. Seiner Überzeugung nach musste das Land seine Krise ohne Hilfe der EU-Partner lösen, denn jeder Staat der Gemeinschaft »ist für seine Schulden selbst verantwortlich«.

Lange Jahre, so Issing, hatte Athen mehr Vorteile aus der Euro-Gemeinschaft gezogen als andere Länder und sich doch nicht gescheut, das entgegengebrachte Vertrauen zu enttäuschen. Und ausgerechnet für dieses Land, das zu Betrügereien Zuflucht nahm, damit die europäischen Geldströme nicht versiegten, sollte man die Stabilität des ganzen Baus aufs Spiel setzen? »Ist die No-Bail-out-Klausel erst einmal verletzt«, warnte Issing in der *FAZ*, »brechen alle Dämme«. Die Folge: »Die griechische Krankheit breitet sich aus.«

Während es 2010 mit dem Staatshaushalt der Griechen rapide abwärts ging, folgte die Privatwirtschaft auf dem Fuß. Im ersten Quartal, so gab die griechische Statistikbehörde bekannt (der wir hier ausnahmsweise folgen wollen), war die Wirtschaftsleistung im Vergleich zum Vorjahr um 2,5 Prozent geschrumpft. Die Industrieproduktion, die schon 2009 um 19 Prozent eingebrochen war, sank noch einmal um 6 Prozent. Nicht verwunderlich, dass von rund 4000 Firmen, die die Athener Wirtschaftsforschungsgruppe ICAP Mitte Mai befragte, 36 Prozent angaben, sie hätten im vergangenen Jahr rote Zahlen geschrieben und erwarteten 2010 »noch schlechtere Geschäfte« (*Welt am Sonntag*).

Mit Griechenland ging es also beschleunigt bergab, und ebenso schnell ging es mit den Zinsen und Risikoprämien für griechische Staatsanleihen bergauf. Daran beteiligt waren amerikanische Firmen, deren Namen seit der jüngsten Weltfinanzkrise einen traumatischen Beiklang bekommen hatten – etwa die Ratingagentur Standard & Poor's, die Investmentfirma Goldman Sachs und diverse Hedgefonds. Jetzt versetzten diese Milliardenjongleure die europäische Finanzszene und den Euro erneut in Angst und Schrecken (siehe Kapitel 7).

Als Folge der dramatischen Verschlechterung der griechischen Zahlungsfähigkeit wurde im Februar 2010 der Athener Staatshaushalt unter EU-Kontrolle gestellt und zusätzlich ein Verfahren wegen Manipulation der Budgetstatistik eingeleitet – derlei »Manipulationen«, wie der wertfrei gewählte Begriff für die Bilanzfälschung lautete, waren zwar schon 2004 entdeckt worden, aber man hatte offenbar die Kontrolle schleifen lassen, als handle es sich um ein Kavaliersdelikt.

Damit es zu keinem Bankrott eines Euro-Landes kam, was man schon aus Imagegründen vermeiden wollte, wurde bald über das beraten, was die Maastricht-Verträge eindeutig untersagt hatten und wovor Otmar Issing so eindringlich warnte: einen klassischen *Bail-out*. Die Summen, die dazu nötig waren, wurden täglich nach oben korrigiert, ebenso wie die Prozentzahlen des griechischen Defizits, das sich langsam aus dem Nebel der Verschleierung herauslöste und in furchterregender Größe vor die europäische Öffentlichkeit hintrat: Laut Statistikbehörde Eurostat betrug es für das Jahr 2009 unglaubliche 13,6 Prozent.

Die Folgen sind bekannt und stecken den Deutschen noch in den Knochen, vor allem weil sich schnell herausstellte, dass es nur die vorläufig ersten Folgen sein sollten. Anfang Mai 2010 hatte Griechenland praktisch keinen Zugang mehr zu flüssigem Geld, war also pleite. Das hätte nicht nur das Land selbst betroffen, sondern auch seine Kreditgeber – wenn nicht mächtige Institutionen helfend eingesprungen wären, die traditionell mit deutschem Steuergeld großzügig ausgestattet sind: An erster Stelle die EU-Kommission, außerdem die von Jean-Claude Trichet geleitete EZB sowie der von Dominique Strauss-Kahn geführte Internationale Währungsfond (IWF) kamen zu dem, was ich eine »französische Lösung« nennen würde – man sicherte Griechenland bis 2012 Kredite in Höhe von 110 Milliarden Euro zu, an denen Deutschland sich direkt mit 22,4 Milliarden an Bürgschaften zu beteiligen hatte. Bundestag und Bundesrat stimmten mehrheitlich zu, Bundespräsident Horst Köhler unterschrieb das Gesetz, dessen monströser Name »Währungsunion-Finanzstabilitätsgesetz« (WFStG) das Gegenteil dessen suggeriert, was es langfristig bewirkt. Stabilisiert wurde allenfalls Griechenland und auch das nur vorläufig – der Euro dagegen hat schweren Schaden genommen und die Glaubwürdigkeit der Europäischen Union obendrein. Denn von Maastricht-Kriterien und *No-Bail-out*-Klausel war nicht mehr die Rede.

Typisch für diese kollektive Selbsttäuschung der Europäer erschien mir damals der Ausspruch des Kommissionspräsidenten Barroso, der die EU-Philosophie in den Worten zusammenfasste: »Entweder wir schwimmen zusammen – oder wir gehen getrennt unter.« Der Satz ist so falsch wie die Idee, die er ausdrückt. Als Segler weiß ich zufällig, wie Schiffbrüchige sich *nicht* verhalten sollen: Wenn sie sich aneinanderklammern, gehen sie gemeinsam unter – Rettung gibt es nur, wenn man sich frei macht und allein schwimmt.

Was aber wäre gewesen, wenn man es auf einen Bankrott hätte ankommen lassen und – um zu meinem Kirmes-Vergleich zurückzukehren – der Sparsame dem Verschwender seine Bitte abgeschlagen hätte? Wie hätte Griechenland reagiert, wenn es die Suppe hätte auslöffeln müssen, die es sich selbst mit eingebrockt hatte? Immerhin hatte das Land seit seiner Unabhängigkeit 1830 schon fünf Staatsbankrotte erlitten und verbrachte, wie ich dem *Handelsblatt* entnehme, »die Hälfte seiner Zeit in zahlungsunfähigem Zustand«. An modernen Beispielen fallen mir die DDR ein, die durch die Wiedervereinigung um die Erklärung des Staatsbankrotts gerade noch herumgekommen war, und Argentinien, das im Jahr 2002 Anleihen von 80 Milliarden Dollar nicht mehr bedienen konnte und seitdem die durch Umschuldung entstandenen Verpflichtungen abstottert.

Mit anderen Worten: Merkels Behauptung, die Auslösung der griechischen Schulden sei »alternativlos«, war falsch; ich würde diese Formulierung sogar zum »Unwort des Jahres« vorschlagen. Von einem Staatsbankrott, das hat sich historisch gezeigt, geht die Welt nicht unter und auch nicht das betroffene Land. Der merkelschen Behauptung stellten die Ökonomieprofessoren Johann Eekhoff und Lars P. Feld sowie der Ex-Landeszentralbankchef von Sachsen und Thüringen, Olaf Sievert, in der *FAZ* unter der Überschrift »Neuen Schuldenargumenten kein Ohr leihen« die tatsächlichen Alternativen gegenüber: Entweder akzeptiert man einen »Staatsbankrott« des überschuldeten Landes – oder man bekommt eine »gemeinschaftliche Inflation«. Bei Letzterem schauen alle in die Röhre, bei Ersterem allein die Gläubiger, die nur einen Teil ihres Geldes zurückbekommen. Genau so wäre es im Fall Griechenland auch gewesen.

Auch Charles B. Blankart und Erik R. Fasten von der Humboldt-Universität in Berlin warnten dringend vor der merkelschen »Alternativlosigkeit« des Rettungspakets mit seinem deutschem Löwenanteil von 22,4 Milliarden Euro. »Die Griechenland-Misere wird kaum durch Einsparmaßnahmen zu beheben sein«, so die beiden Volkswirtschaftler; dagegen liegt »der Vorteil des Insolvenzverfahrens«, also eines Bankrotts, »auf der Hand. Vergleichbare Fälle im Ausland zeigen, dass solche Sanierungen einen Bruchteil dessen kosten, was heute von den Euro-Staaten dafür veranschlagt wird«. Nur die Gläubigerbanken würden dann zur Kasse gebeten, aber schließlich haben die sich zuvor auch ins Risiko begeben. Wie der *Spiegel* schon im März 2010 schrieb, konnten die Banken sich im Zuge der Finanzkrise immer billiger Geld von der EZB leihen – am Schluss für ganze 1 Prozent –, für das sie griechische Anleihen mit über 5 Prozent Verzinsung einkauften, was einer »Lizenz zum Gelddrucken« nahekam.

Nicht überrascht war ich über die Nachricht, dass es sich bei den Gläubigern größtenteils um französische Banken handelte, die um ihre Kredite fürchteten. Entsprechend waren es beim Rettungsbeschluss auch weniger die Deutschen, die auf Vertragsbruch aus »Solidarität« drängten, als die Franzosen, die sich scheinbar für die Griechen, in Wahrheit aber für ihre eigenen Landsleute ins Zeug legten. Und wer hätte da widerstehen können?

Die Deutschen hätten widerstehen können. Als Kommissionspräsident José Manuel Barroso auf dem Höhepunkt der Krise vollmundig verkündete: »Wir werden den Euro um jeden Preis schützen«, hätten sie die Frage stellen können: Warum eigentlich? Vor allem: Wer zahlt den Preis? Und sie hätten begreifen müssen, dass nicht nur in dieser Krise die Gemeinschaft durch eine Achse Frankreich-Deutschland dominiert wurde, allerdings eindeutig zulasten Deutschlands. Denn, wie ifo-Chef Hans-Werner Sinn feststellte: »Nicht der Euro, sondern das französische Bankensystem war in Gefahr.« Eingeräumt sei, dass auch deutsche Banken wie die Commerzbank oder die Deutsche Bank, die ebenfalls griechische Anleihen gezeichnet hatten, bei Merkel Druck ausübten, um das Paket geschnürt zu bekommen. Doch waren es weit weniger als auf der französischen Seite – dafür hat der deutsche Steuerzahler weit mehr zu zahlen als der französische.

Dreierlei steht für mich fest: Der griechische Staatsbankrott wäre die Deutschen viel billiger gekommen als der europäische *Bail-out*. Dieser angeblich so solidarische Akt der Griechenlandhilfe war in Wahrheit ein weiterer Freikauf überschuldeter Banken. Und deutsche Milliarden, die scheinbar zu den hilferufenden Athenern flossen, wurden klammheimlich in französische Kassen umgeleitet. Hans-Werner Sinn brachte es damals in der *WirtschaftsWoche* auf den Punkt: »So rettet der deutsche Steuerzahler indirekt französische Banken.«

Die verhängnisvollste Folge des abgewendeten Bankrotts wurde vorerst nicht einmal angesprochen: Wenn man Griechenland rettet, dann musste man konsequenterweise auch die nächsten Pleitekandidaten retten, die sich hilfesuchend an Brüssel wandten. Auf ein griechisches Hilfspaket würde dann ein portugiesisches, spanisches, italienisches, irisches, irgendwann womöglich ein französisches folgen – und jedes Mal würden die Deutschen maßgeblich zur Kasse gebeten. Deshalb stellte die offiziell verbreitete Rechtfertigung, ohne die Griechenlandhilfe wäre ein Dominoeffekt eingetreten, die Wahrheit auf den Kopf: Erst durch die Griechenlandhilfe kam es zu dem Dominoeffekt! Die vertragliche Festlegung dieses Alptraums, genannt Euro-Schutzschirm, ließ nur wenige Tage auf sich warten …

Mit Staunen registrierte ich Mitte September 2010, dass selbst der ehemalige Bundesfinanzminister Peer Steinbrück von der SPD dem Vertragsbruch, der uns so teuer zu stehen kommt, einen Staatsbankrott vorgezogen hätte. »Trotz des Pakets«, so sagte er dem *Spiegel,* »wird Griechenlands Staatsschuld nächstes Jahr von derzeit 120 auf mindestens 140 oder gar 150 Prozent des Bruttoinlandsprodukts wachsen.« Das Land werde also »ohne eine Umstrukturierung seiner Kredite nicht wieder auf die Beine kommen. Es führt kein Weg daran vorbei, dass die Gläubiger dem Land einen Teil seiner Schulden durch Laufzeitverlängerungen, Zinserlass oder – wie das im Fachjargon heißt – einen ›Haircut‹ abnehmen müssen«.

Auch wenn Merkels einstiger Finanzchef den Ausdruck »Bankrott« vermeidet – besser lässt er sich nicht beschreiben. Zur gleichen Zeit, als Steinbrück einen »Haarschnitt« der Gläubiger empfahl, trat der griechische Finanzminister Giorgos Papakonstantinou vor die Öffentlichkeit und warb bei den Investoren um Vertrauen in die Haushaltssanierung seines Landes. Auf gutem Wege sei das »harte Sanierungsprogramm«, bei dem Staatsgehälter und Renten gesenkt sowie die Steuern erhöht würden, und die Wirtschaft werde in absehbarer Zeit wieder wachsen. Zweiflern präsentierte er zudem seine fiskalische Geheimwaffe: Durch eine »Diaspora-Anleihe« wolle er bei reichen Griechen, die im Ausland leben, Geld pumpen. Ich stelle mir schon vor, wie Nana Mouskouri eines morgens den Telefonhörer abnimmt und die sanfte Stimme von Giorgos Papakonstantionou hört, der ihr unter Verbeugungen ein paar Milliönchen aus dem Kreuz leiern möchte.

Neben diesem drolligen Einfall widersprach der Minister jenen vehement, die nach wie vor an eine Umschuldung seines Landes denken, und malte eine Insolvenz wie ein Schreckgespenst an die europäische Wand. Falls es doch zu einer Umschuldung – es geht um 300 Milliarden Euro Staatsschulden – kommen sollte, würde das, laut Papakonstantinou, »eine Katastrophe« bedeuten. Nicht etwa für Athen, sondern für Europa. Denn würde Griechenland gezwungen, seine Schulden zu »restrukturieren«, was einem Abschlag für die Gläubiger gleichkommt, dann, so der Minister, drohe »ein fundamentaler Bruch der Einheit der Eurozone«.

Da kann ich nur sagen: umso besser.

KAPITEL SIEBEN

Die Rückkehr der Abwracker

»Wer mich ein wenig kennt, weiß um meine Bewunderung für die Amerikaner. Leider hat meine positive Einstellung durch die Immobilien- und nachfolgende Bankenkrise einen schweren Dämpfer erhalten.«

Dieses Bekenntnis, das mir nicht leichtgefallen ist, steht am Anfang einer Passage in *Die Abwracker*, in der ich die wahre Ursache des gewaltigen Konjunkturwunders beschreibe, mit dem Amerika die Welt nach dem Jahr 2000 überrascht hat. Was ich ursprünglich der Liberalität des Arbeitsmarktes zuschrieb, war auf ganz anderes zurückzuführen: Ihren Kraftstoff bezog diese Lokomotive aus der Niedrigzinspolitik der amerikanischen Staatsbank Federal Reserve. Ein Großteil des Reichtums, der die Welt blendete – so schrieb ich in *Die Abwracker* –, wurde nicht erwirtschaftet, sondern mit künstlich verbilligtem Geld erkauft.

Das war noch milde ausgedrückt. Was die Welt damals, wie Peer Steinbrück es heute ausdrückt, »an den Rand des Abgrunds« führte, war eine Finanzpolitik, die jedem Amerikaner das trügerische Gefühl vermittelte, das Geld liege sozusagen auf der Straße, man müsse es nur aufheben und sich etwas Lohnendes dafür kaufen, etwa ein Eigenheim.

Schon bevor Fed-Chef Alan Greenspan zwischen 2001 und 2003 die Zinsen von 6,5 Prozent auf 1 Prozent heruntergeschraubt hatte, begann auf dem Immobilienmarkt ein nie gesehener Boom, der durch das Versprechen der Banken angeheizt wurde, dass die anfallenden Hypothekenzinsen sich gleichsam von selbst bezahlten, nämlich durch den steigenden Wert des Hauses. Die Immobilienblase wuchs wie eine Gewitterwolke. Zwischen Ende der 90er Jahre und 2006 stiegen die Hauspreise um 125 Prozent, und selbst jene, die sich eigentlich gar kein Eigenheim leisten konnten, fühlten sich plötzlich reich und nahmen nach dem Motto »Dein Haus ist deine Bank« auch noch Kredite auf gepumpte Immobilien auf.

»Every American should live under his own roof!«, lautete das Heilsversprechen von Jimmy Carter über Bill Clinton bis hin zu George W. Bush. Mein erstes amerikanisches Haus kaufte ich 1978 am Orchard Drive in Greenwich Connecticut für 210 000 Dollar und verkaufte es 20 Monate später für 230 000 Dollar. 2006, kurz vor der Krise, war es laut *Zillow*, einem beliebten US-Immobilienportal, 3 Millionen Dollar Wert, heute noch 2 Millionen Dollar.

Wie es das Schicksal aller Blasen ist, platzte auch die Immobilienblase. Sie explodierte förmlich und flog erst den Amerikanern, dann der ganzen Welt um die Ohren. Als Auslöser wirkten sich die wieder sinkenden Immobilienpreise und die erhöhten Hypothekenzinsen aus, die von den meisten Kreditnehmern nicht mehr bezahlt werden konnten: 2007 wurden 2,2 Millionen Häuser zwangsversteigert, 2008 stieg die Zahl auf 3,2 Millionen, und 2009 erreichte man den Höhepunkt der Krise mit vier Millionen Eigenheimen, aus denen ihre vordem stolzen Besitzer vertrieben wurden, weil sie über ihre Verhältnisse gewohnt hatten.

Ich schildere das so detailliert, weil die Schockwellen dieser scheinbar inneramerikanischen Katastrophe, deren trauriges Fanal der Zusammenbruch der Investmentbank Lehman Brothers am 15. September 2008 bildete, sich sogleich nach Europa ausbreiteten. Unsere Bankenwelt begann zu zittern und zu beben. Und warum? Nun, die amerikanischen Finanzinstitute hatten nicht vorgehabt, das Risiko der wackligen Hausdarlehen allein zu tragen, sondern es auf die ganze Welt, vor allem aber Europa und hier mit Vorliebe Deutschland verteilt. Sie verpackten die zweifelhaften Forderungen der Banken einfach in zinsbringende Verbriefungen, die sie keck *securities*, also Sicherheiten, nannten. Ihre europäischen Kollegen, die sich mit hohen Zinsversprechen ködern ließen, griffen zu wie Verdurstende nach frischem Wasser. So holten die Amerikaner auf schlaue, man könnte auch sagen: betrügerische Weise das Geld wieder herein, das sie durch ihre klammen Schuldner zu verlieren im Begriff waren.

Auch bei der Düsseldorfer Mittelstandsbank IKB, deren Präsidium ich als BDI-Präsident von 1996 bis 2004 angehört hatte, wurden die Wall-Street-Leute vorstellig. Obwohl ich alle meine Ämter lange vor Ausbruch der Krise unter, wie man so schön sagt, »Absingen schmutziger Lieder« niedergelegt hatte, zitierte mich das Düsseldorfer Landgericht als Zeuge im Prozess gegen den späteren Vorstandsvorsitzenden Stefan Ortseifen.

In *Die Abwracker* beschrieb ich – ohne dabei an einen konkreten Fall zu denken – jene schneidigen Investmentbanker aus Amerika, deren Musterkoffer, beklebt mit den Edeletiketten von Lehmann Brothers oder Goldman Sachs, unsere biederen IKB-Manager ins Träumen brachten. Angesichts der Chance auf Rendite ohne Risiko ließen sie alle Hemmungen fallen, und die deutschen Milliarden flossen, wohin die Amerikaner sie haben wollten. Ich freute mich darauf, in dem Prozess auf die verhängnisvolle Verlängerung der Gewährträgerhaftung durch Peer Steinbrücks Ministerium hinzuweisen, ohne die weder die IKB noch die zahlreichen anderen staatlich kontrollierten Landesbanken in Versuchung gekommen wären, sich derart mit »toxischen Papieren« vollzusaugen.

Ich wollte mithelfen, Ortseifen durch den Hinweis zu entlasten, dass Steinbrücks Staatssekretär – im Gegensatz zu mir – bis zuletzt im Aufsichtsrat der IKB geblieben war. Allein, die Richterin interessierte sich nur für die Frage, ob das Präsidium dem damaligen Vorstandsvorsitzenden 15 Jahre vorher ein Firmenhaus zur privaten Nutzung genehmigt hatte. Der damit verbundene Vorwurf gegenüber dem vor Gericht sitzenden IKB-Chef wurde fallen gelassen.

Überhaupt ließ man damals bei uns viel auf sich beruhen. Im Gegensatz dazu hat das ebenfalls von der Krise schwer betroffene Island sich dazu aufgerafft, eine unabhängige Untersuchungskommission einzusetzen, die nach den Verantwortlichen im eigenen Land suchte. Neben Fehlern, die von Bankern begangen wurden, warf die Kommission vor allem heimischen Politikern Versagen vor, die einfach geschlafen hatten, statt Kontrolle auszuüben, wie es ihre Aufgabe gewesen wäre.

Wie die isländische hätte auch die deutsche Öffentlichkeit ein Anrecht, auf diese Fragen eine klare Antwort zu bekommen: Warum sind ausgerechnet bei uns so viele Schrottpapiere gelandet? Wieso fanden sich die meisten davon in staatlichen Banken und Landesbanken? Welche Rolle spielten deutsche Politiker, die in diesen Banken als Aufsichtsräte fungierten? Und welchen Einfluss auf das fahrlässige Verhalten der Banken nahm die Bundesregierung, die noch kurz vor Ausbruch der Krise für den Ankauf von *asset backed securities* warb, die sich hinterher als Millionen Euro verschlingende Muster ohne Wert herausstellten? Einige Antworten habe ich in *Die Abwracker* zu geben versucht – aber noch besser wäre es, die Regierung und die betroffenen Politiker würden wie ihre isländischen Kollegen selbst zur Aufklärung beitragen.

Nebenbei bemerkt: Für jeden Kleinkram gibt es bei uns Parlamentarische Untersuchungsausschüsse und Enquetekommissionen – für die Aufarbeitung der größten Wirtschaftskrise seit dem Krieg reichte es nicht einmal für eine Kleine Anfrage im Bundestag. Dass unser neuer Bundespräsident hier eine Schneise in das Dickicht des Schweigens schlägt, wäre zwar wünschenswert, dürfte aber wohl utopisch sein, da dies auf einen unangenehmen Konflikt mit fast allen Parteien hinausliefe.

Ihre Vertreter saßen nämlich in den Aufsichtsräten der Banken, die dem deutschen Steuerzahler die Milliardenverluste einbrachten – auch in der IKB. Bekanntlich war sie das erste deutsche Bankhaus, das der US-Immobilienkrise zum Opfer fiel, bevor der deutsche Steuerzahler sie zu spüren bekam. Bis 2009 kostete ihn die Sanierung der Bank rund zehn Milliarden Euro, plus weitere neun Milliarden an Staatsgarantien. Die Mitverantwortlichen aus dem von Peer Steinbrück geführten Finanzministerium konnten sich dann als Feuerwehrleute in Szene setzen. Kaum jemand kam auf die Idee, einmal nachzuforschen, inwieweit sie am Ausbruch des Brandes eine gehörige Portion Mitverantwortung tragen.

Im April 2010 bekam der grandiose Schwindel, auf den die deutschen Banker hereingefallen waren, plötzlich ein Gesicht: Die Investmentbank Goldman Sachs, die vom Zusammenbruch ihres Konkurrenten Lehman Brothers profitiert und schon wieder neue Gewinnrekorde eingefahren hatte, sah sich mit einer Betrugsklage konfrontiert, wodurch ein Grundprinzip ihrer Geschäftsphilosophie verletzt wurde. »Man hat uns immer beigebracht«, verriet Gary Gensler – zunächst Goldman Sachs-Manager, dann stellvertretender Finanzminister und danach wichtiger Finanzkontrolleur Barack Obamas –, »dass unser Firmenname niemals in den Zeitungen auftauchen sollte«.

Doch genau dies geschah, denn die US-Börsenaufsicht warf der Firma vor, hochriskante *securities* verkauft und dabei »wichtige Informationen« verschwiegen zu haben – unter anderem die, dass die eingezahlten Beträge wegen der schon absehbaren Immobilienkrise in kürzester Zeit verloren gehen würden. Einer der eifrigen Kunden, die das Zeichen an der Wand nicht erkennen wollten, war die IKB mit dem hohen Beamten Jörg Asmussen aus dem Finanzministerium im Aufsichtsrat.

Wie der Betrug eingefädelt wurde, der die Düsseldorfer Bank um 150 Millionen Euro erleichterte, ist so spannend, dass es nicht unerwähnt bleiben darf. Der Hauptakteur, Börsenspekulant John Paulson, hatte Goldman Sachs dazu animiert, ein Verbriefungspaket zusammenzuschnüren – die berühmten *asset backed securities* –, das, salopp gesagt, »in die Hose gehen« musste, und zwar garantiert. Es war die Investment-Gurke par excellence, und mich wundert nicht, dass die IKB zugegriffen hat.

Allerdings wundert mich, wie Goldman Sachs den Nerv haben konnte, ihren Stammkunden Paulson – Chef des drittgrößten Hedgefonds der Welt – gleichzeitig auf den Untergang der Gurke wetten zu lassen. Das heißt, sie jubelten den Banken ein Papier unter, von dem sie nicht nur wussten, dass es scheitern musste, sondern auch, dass Paulson durch den Verlust Gewinne einstreichen würde, so wie sie selbst ihre Provision. Das Spiel war todsicher: Kein halbes Jahr später verlor die Anlage 99 Prozent ihres Wertes, und Paulson gewann eine schlappe Milliarde.

Goldman Sachs, in diesem Fall auf frischer Tat ertappt, bekam einen Deal: Gegen Zahlung von 550 Millionen Dollar sah die Börsenaufsicht von einer Zivilklage ab. Von den 13,4 Milliarden Dollar, die die Investmentbank allein 2009 als Gewinn ausgewiesen hat, betrug die Strafe lediglich 4 Prozent. Freuen konnte sich auch die IKB, die sich heute im Besitz des amerikanischen Finanzinvestors Lone Star befindet – sie erhielt die verlorenen 150 Millionen Dollar zurück.

Wenn man sich nun fragt, welche Philosophie hinter derlei Transaktionen steckt, deren einziges Ziel es ist, unter Ausnutzung ahnungsloser Kunden möglichst viel Geld umzuverteilen, sollte man zuvor fragen, wer sich dieser Philosophie bedient. Wer ist Goldman Sachs? Die Bank, die intern »Government Sachs« genannt wird, steht, wie das Wortspiel andeutet, der US-Regierung traditionell näher als vergleichbare Institute.

Viele US-Finanzminister, darunter Henry Paulson oder Robert Rubin, waren zuvor Goldman-Sachs-Manager gewesen, und bis heute gilt, was die *Huffington Post* 2009 schrieb: »Es scheint, dass alle paar Wochen ein neuer Goldman-Sachs-Mitarbeiter in eine Regierungsabteilung überwechselt. Diese Banker landen auf Schlüsselpositionen des Finanzministeriums und der Federal Reserve, und sie bewegen die Hebel des riesigen Bail-outs«, mit dem, wie hinzuzufügen ist, die US-Regierung die amerikanischen Banken aus der Krise herausgekauft hat. Ich beklage das nicht, es war überlebensnotwendig; ich bemerke nur, dass es zwischen der US-Administration und einer bestimmten Investmentbank keine scharfe Trennlinie zu geben scheint.

Noch etwas muss ich anmerken, das in *Die Abwracker* keine Rolle gespielt hat, weil es erst während der Griechenland- und Euro-Krise in den Fokus rückte: Die Immobilienblase, die ich dort beschrieben habe, war nur die bekannteste Form jener Blasen, an denen man sich, wenn man auf der richtigen Seite steht, eine goldene Nase verdienen kann. Wie bekannt, handelt es sich dabei um ein Gebilde, das sich aufbläht wie ein Heißluftballon, weil das Feuer unter ihm ständig neue Nahrung erhält durch Medien, Politik und Mund-zu-Mund-Propaganda. Ein solcher *Hype*, wie diese Blasenform auch genannt wird, bringt allen Beteiligten Gewinne, weil das gehypte Produkt eine ständige Wertsteigerung erfährt – bis zum Moment, wo die Blase platzt. Dann verliert man alles, wenn man nicht auf der richtigen Seite steht.

Dazu ist es nötig, die andere Erscheinungsform dieses Phänomens zu kennen. Sie ist das genaue Gegenteil der wachsenden Blase, denn sie schrumpft. Auch das lässt sich erzeugen, indem man das Umgekehrte dessen bewirkt, was zum Hype geführt hat: Statt zu loben, reißt man herunter. Statt massenhaft zu kaufen, stößt man massenhaft ab. Statt etwas aufzubauen, lässt man »die Luft heraus«. Und die Medien, diese Seismographen der Öffentlichkeit, läuten das Totenglöckchen, noch bevor das Produkt gestorben ist. Man könnte das einen Antihype nennen – übrigens lässt sich das mit Personen ebenso leicht anstellen, indem man sie verunglimpft und ihnen einen Maulkorb umhängt. Dann sind sie so »tot« wie eine Ware, die ihren Wert verloren hat.

Es dürfte kaum überraschen, dass man mit beiden Varianten der Blasen Geld verdienen kann, viel Geld. Und weil jeder Zeitungsleser seit 2009 wusste, dass der griechische Staat in Zahlungsschwierigkeiten gekommen war, sammelten sich auch in diesem Fall Investoren, die eben damit Geld verdienen wollten, viel Geld. Genau zu dem Zeitpunkt, als internationale Banken ihre Kreditlinien gegenüber Athen zurückzufahren begannen, deckten sich Hedgefonds mit Papieren ein, deren Gewinne im selben Maß steigen, wie der Wert ihres Gegenstandes sinkt.

Es handelt sich also nicht um »Sicherheiten« wie bei den Immobilienverbriefungen, sondern um Versicherungen, die das Risiko abdecken, dass ein gezahlter Kredit verloren geht. Der Fachbegriff lautet *credit default swaps* (CDS), zu Deutsch »Kreditausfallversicherungen«, und ab Herbst 2009 kauften die Hedgefonds gewaltige Mengen solcher Derivate, die damals noch billig zu erstehen waren. Sie wussten natürlich, dass in absehbarer Zeit die Besitzer von griechischen Staatsanleihen händeringend nach solchen Absicherungen suchen würden.

Als die neu gewählte griechische Regierung im Oktober 2009 das angegebene Haushaltsdefizit von den offiziellen 3,7 Prozent auf bis zu 13 Prozent emporschraubte, knallten bei den Hedgefonds die Sektkorken. »Auch wenn die Fragwürdigkeit der griechischen Staatsanleihen bekannt war«, schrieb die *FAZ*, »erstaunt das Ausmaß des Betrugs.« Für Athen kam es nun knüppeldick: Die Risikoprämien für griechische Staatsanleihen stiegen rasant, zugleich senkten die amerikanischen Ratingagenturen Moody's, Standard and Poor's und Fitch die Bewertungen des überschuldeten Landes. Und noch etwas geschah, das in allen europäischen Hauptstädten die Alarmglocken läuten ließ: Der Euro sank. Innerhalb von nur zwei Monaten stürzte er von knapp 1,60 Dollar auf 1,45 Dollar ab.

Wie im Fall der Immobilien-*securities* wirkten die vermeintlich allmächtigen Ratingagenturen der Wall Street auch diesmal wieder schlecht informiert. Weit besser unterrichtet zeigte sich die Investmentbank Goldman Sachs. Denn dank ihres hervorragenden Rufes als regierungsnahes Institut hatte sie, wie das *Handelsblatt* am 24. Februar 2010 schrieb, die ehrenvolle Aufgabe übertragen bekommen, »Griechenland den Weg zum Euro-Beitritt zu ebnen. 1999 hatte das Land die Kriterien für den Beitritt zur Euro-Zone noch nicht erfüllt. 2001 schafften die Griechen es schließlich« – allerdings, wie man nun weiß, dank gefälschter Defizitzahlen.

Und wie gelang dem kleinen Land der große Betrug, der sich auch in den nächsten Jahren fortsetzte? »Von 1998 bis 2000«, so berichtete das *Handelsblatt* weiter, »arrangierte Goldman Sachs zwölf Währungsswaps für Athen«, mit denen Schulden kaschiert wurden. Dafür soll die Investmentfirma »nach Informationen aus Finanzkreisen Gebühren von rund

300 Millionen Dollar kassiert haben«. Mit anderen Worten: Die Griechen haben sich ihren Euro-Beitritt etwas kosten lassen. Der »Finanzvorteil« wiederum, den sie dadurch gegenüber Brüssel geltend machen konnten, lag laut *Handelsblatt* bei »zwölf Milliarden Euro«. Zweifellos in Bezug auf diese allgegenwärtige Investmentbank sagte Kanzlerin Merkel beim Politischen Aschermittwoch am 17. Februar 2010: »Es ist eine Schande, wenn Banken, die uns schon an den Abgrund gebracht haben, auch noch beim Fälschen von Statistiken in Griechenland dabei waren.«

Die Beratungstätigkeit von Goldman Sachs dauert bis in die Gegenwart an. Ebenfalls im Februar 2010 wies der ehemalige Hedgefonds-Manager James Rickards in der *Financial Times* darauf hin, wie Griechenlands Schwäche von Finanzspezialisten ausgenutzt würde. Auf Nachfrage der *Neuen Zürcher Zeitung Online* betonte er, dass Goldman Sachs dabei »eine besondere Rolle« zukäme. Während die »einflussreichste Investmentbank der Welt«, so die *NZZ*, der griechischen Nationalbank Ende Januar 2010 dabei half, eine Staatsanleihe in Höhe von 8 Milliarden Euro aufzulegen, die dank hoher Verzinsung von 6 Prozent mehrfach überzeichnet wurde, empfahlen Investmentbanker ihren Kunden, »für die griechischen Schulden Kreditausfallversicherungen« zu verkaufen, wofür sie hohe Prämien kassierten – völlig gefahrlos, so versicherten sie, denn es werde für das angeschlagene Griechenland »im Notfall einen Rettungsplan geben«, weshalb man auch »keinen Schadensfall« befürchten müsse.

Das heißt, die einen verdienen am Niedergang der griechischen Bonität, indem sie den Besitzern von Anleihen billig erworbene Kreditausfallversicherungen teuer verkaufen. Die anderen verdienen an der Rettung Griechenlands, indem sie den Besitzern von Anleihen Kreditausfallversicherungen anbieten, von denen sie wissen, dass sie nie fällig werden. Alles eine Frage des Know-hows.

Alles auch eine Frage der öffentlichen Wahrnehmung: Die einen streuten Gerüchte, wonach die EU niemals zulassen würde, dass Griechenland bankrottginge und die Staatsanleihen ihren Wert verlören. Die anderen setzten alle Hebel in Bewegung, um durch die Medien ausposaunen zu lassen, dass es nun mit dem Euro rapide abwärts gehe.

Besondere Verdienste – im wahrsten Sinn des Wortes – um dieses Untergangsgerücht erwarb sich eine Gruppe milliardenschwerer Hedgefonds-Manager. Was ich von ihnen berichten werde, klingt wie eine Verschwörungstheorie, aber es folgt den veröffentlichten Recherchen von *Wall Street Journal, Spiegel, FAZ* und *NZZ.* Auf Einladung der New Yorker Maklerfirma Monness, Crespi, Hardt traf sich am Abend des 8. Februar in Manhattan eine Gruppe prominenter Hedgefonds-Manager zum Abendessen, um eine gemeinsame Strategie zu besprechen. Anwesend waren auch Vertreter der Firma jenes Zockers John Paulson, der gerade Anleger von Goldman Sachs um eine Milliarde erleichtert hatte, sowie des berühmtesten aller Börsenspekulanten, George Soros, der 1992 einen erfolgreichen Großangriff auf das Englische Pfund gestartet hatte.

An diesem Abend besprach man einen Großangriff auf den Euro – zum einen Teil mittels der beschriebenen Kreditausfallversicherungen, zum anderen durch aktive Bearbeitung der Weltpresse. Der *Spiegel* sprach von einer »konzertierten Attacke«, bei der, laut *NZZ-online,* der Hedgefonds-Milliardär Steven A. Cohen eine besondere Rolle spielte: »Er drängte seine Kollegen an jenem Abend, auf einen weiteren starken Kursverlust zu setzen: Der Euro, der zu dieser Zeit bereits auf 1,37 Dollar gesunken war, könne sogar die Parität zum Dollar erreichen.« Sein Empfehlungspapier wurde, laut *Wall Street Journal,* schon unmittelbar nach dem Verschwörungsdinner an Hunderte Hedgefonds verschickt. Zur Verstärkung des Negativ-Hypes trug man das Angriffssignal in den folgenden Tagen in zahllosen Telefonaten weiter, und selbst John Paulson war sich nicht zu schade, Banken anzurufen, um ihnen, laut *NZZ*, »seinen Pessimismus zu Griechenland« mitzuteilen.

Die Folge: »An den Terminmärkten nahmen die Spekulationen auf eine Abwertung des Euro zu«, berichtete die *FAZ*. »Zu jener Zeit können Hedgefonds, die im Herbst 2009 billig CDS auf griechische Anleihen gekauft hatten, ihre Derivate zum Drei- bis Vierfachen ihres Einkaufspreises« losschlagen. An der Börse in Chicago erhöhten sich kurzfristig die Wetten – sogenannte »Nettoverkaufsoptionen« – auf einen Niedergang des Euro von 4,9 Milliarden Euro auf 8,9 Milliarden Euro. Zur gleichen Zeit hielten Anleger Kreditausfallversicherungen für griechische Staatsanleihen in Höhe von 85 Milliarden Dollar, doppelt so viel wie im Vorjahr.

Als würde nicht schon aus allen Medien der Klagechor um den sinkenden Euro ertönen, verkündeten die amerikanischen Großspekulanten John Taylor und Jonathan Clark, die einen der größten Hedgefonds der Welt kontrollieren, ganz offen: »Wir setzen auf den Kursrückgang des Euro.« George Soros ließ in der *Financial Times* seine Überzeugung abdrucken, dass »die Zukunft des Euro nach wie vor unsicher« sei. Goldman Sachs wiederum, Athens Beraterbank und Personallieferant mehrerer US-Regierungen, warnte im April in einem Marktkommentar vor der Möglichkeit eines Staatsbankrotts und einer unvermeidlichen Umschuldung. In ihrem Buch *Staatsbankrott voraus* wiesen die Autoren Janne Jörg Kipp und Rolf Morrien zu Recht darauf hin, dass sich angesichts der »engen personellen Verbindung von Goldman Sachs und der US-Regierung« die Frage stelle, ob diese »die wahre Lage der griechischen Staatsfinanzen besser kannte als die EU-Partnerstaaten«. Wenn ja, dann wohl auch von Anfang an. Auf die Europatreue der griechischen Politiker wirft das kein besonders positives Licht.

Zu allem Überfluss meldeten britische Zeitungen, die deutsche Regierung arbeite bereits an einem Rettungskonzept, was sich aber schnell als Ente entpuppte – eine Ente mit Hintergedanken. Denn, so meinte der *Spiegel*, dieses »gezielte Störmanöver« sei von genau jenen Finanzinstituten aus London und New York initiiert worden, »die schon immer gegen die europäische Gemeinschaftswährung waren«. Fazit: »Nun hielten die Euro-Gegner den Augenblick für gekommen, die geschwächte Währung in die Luft zu jagen.«

Dem Leser möchte ich die weiteren Schläge der Wall Street gegen das griechische Luftschloss und die Gemeinschaftswährung ersparen. Kurz zusammengefasst, waren der Mittelmeerstaat und seine Anleihen bis Anfang Mai auf Ramschniveau herabgebracht, womit ich nicht sagen will, dass Athen eigentlich Besseres verdient hätte. Aber es traten eben alle Symptome ein, die typisch sind für eine umgekehrte Blase: Nicht nur ein oder mehrere Indikatoren zeigen plötzlich nach unten, sondern alle. Aus einem Stolpern wird ein Fallen, aus dem Fall auf die Nase ein Sturz in den Abgrund. Das erleben Staaten, die ins Visier von Spekulanten geraten, nicht anders als Menschen, die sich öffentlicher Verfolgung ausgesetzt sehen.

In der englischen Sprache gibt es den Ausdruck *self-fulfilling prophecy*, der wörtlich übersetzt »selbsterfüllende Prophezeiung« bedeutet. Er besagt, dass etwas, das man für die Zukunft voraussagt, eben durch diese Voraussage herbeigeführt wird, so wie man bei einem Balanceakt ins Straucheln kommt, wenn man plötzlich davor gewarnt wird. Genau das beabsichtigen die Finanzspekulanten, die scharenweise losziehen, um den

Menschen das sichere Ausgleiten einer Firma, einer Währung oder eines ganzen Landes vorauszusagen. Deshalb wurde auch der ehemalige Deutsche-Bank-Chef Rolf Breuer in Prozesse mit dem Medienunternehmer Leo Kirch verwickelt, weil er in einem Interview dessen Kreditwürdigkeit infrage gestellt hatte; danach brach das Kirch-Imperium zusammen.

Nachdem immer mehr Medien und Flüsterstimmen von einem dringend benötigten *Bail-out* Griechenlands sprachen, um ihn förmlich herbeizureden, zeigte sich, dass sich nur noch die Deutschen widersetzten. Um den Stabilitätspakt wenigstens formal zu verteidigen und zudem die griechische Regierung zu einem harten Sparkurs zu zwingen, blockierte Angela Merkel das Ansinnen vor allem Frankreichs und zog sich den Zorn der europäischen Partner wie den der eigenen Opposition zu.

Im Mai war diese Position dann nicht mehr zu halten. Die Kanzlerin gab auf. Vorausgegangen war eine Inszenierung, die man als bühnenreif schildern müsste, wenn derlei je auf dem Theater gezeigt würde. Völlig überraschend brachen am 6. Mai an der Wall Street die Kurse ein, der Dow Jones fiel dramatisch, und keiner wusste warum, nicht einmal die Börsenaufsicht, die eilig eine Untersuchung anstellte. Monate später stellte sich heraus, dass ein einzelner Hedgefonds die Kettenreaktion ausgelöst hatte, als er einen computergesteuerten Blitzverkauf von CDS tätigte – die dadurch ausgelöste Panik dürfte im Sinn der Urheber gewesen zu sein. Obwohl sich die Kurse schnell erholten, saß der Schock in der Finanzwelt tief. Denn wenn der Dow Jones hustet, bekommt der Dax den Schnupfen.

Das Kursdebakel bewirkte eine tiefe Verunsicherung der ohnehin schon durch die Griechenlandkrise verunsicherten Europäer – mithin die ideale Stimmung, um ein wenig Seelenmassage in Richtung Rettungspaket zu betreiben. Tatsächlich telefonierten, laut *FAZ*, sowohl der amerikanische Präsident Barack Obama als auch Fed-Chef Ben Bernanke mit Berlin und der EZB, um »auf ein großes staatliches Rettungspaket für Südeuropa zu dringen«. Wer hätte da widerstehen können?

Der Bundestag zögerte nicht, das Rettungspaket zu verabschieden. Angela Merkel warb eindringlich für die teure Maßnahme, ohne die angeblich die Stabilität und damit der Erhalt des Euro-Systems nicht mehr garantiert seien. Auch Bundesbankpräsident Axel Weber, dem eine gewisse Nachgiebigkeit gegenüber der Kanzlerin nachgesagt wird – er braucht ihre Unterstützung, um EZB-Präsident zu werden –, appellierte an die Abgeordneten, das Griechenlandpaket der 110 Milliarden, die von EU und IWF aufgebracht werden mussten, zu unterstützen: »Eine Insolvenz von Griechenland hätte dramatische Folgen für die Währungsunion.«

Die Appelle zeigten Wirkung. Am 7. Mai 2010 wurde das Währungsunion-Finanzstabilisierungsgesetz mehrheitlich verabschiedet, das auch der Präsident der Bundesanstalt für Finanzdienstleistungsaufsicht (BaFin) empfohlen hatte – so lange Wörter gibt es nur bei uns –, indem er konkret auf die amerikanische Attacke Bezug nahm. Jochen Sanio, BaFin-Chef und SPD-Mitglied, erklärte am 5. Mai gegenüber dem Haushaltsausschuss des Bundestags, Griechenland habe sich den Hedgefonds als gefundenes Fressen angeboten – »ein besseres Angriffsziel konnte man sich nicht aussuchen«. Man dürfe jetzt auf keinen Fall zögern, da »im Moment von Spekulanten ein Angriffskrieg gegen die Euro-Zone geführt wird«.

Als einziges Mittel empfahl Deutschlands oberster Finanzkontrolleur, dagegenzuhalten, unter anderem mit Ordnungsmaßnahmen gegen die »Finanzhasardeure«, die »im Fall Griechenlands in drei bis vier Monaten rund 500 Prozent Gewinn einstreichen konnten«. Sanio plädierte deshalb für einen politischen Gegenangriff auf den ungeregelten Bereich der internationalen Schattenfinanz, zumal dort »irrsinnige Summen« auf dem Spiel stünden, möglicherweise im zweistelligen Billionenbereich.

Gemessen daran schienen die 22,4 Milliarden Euro, mit denen Deutschland für die maroden Griechen bürgen musste, wie ein Schnäppchen. Vor lauter Aufgeregtheit über die eigene Entschlusskraft verlor man in Berlin und Frankfurt den Zusammenhang aus dem Blick: In Wahrheit hatte man nämlich die Grundprinzipien des *No-Bail-out* verraten, im guten Glauben, damit den Euro zu retten. Stattdessen hatte man dem Druck der amerikanischen Finanzwirtschaft nachgegeben, der der Stabilitätspakt schon immer ein Dorn im Auge war, weil er nicht nur Währungsspekulationen erschwerte, sondern weil ein starker Euro dem Dollar den Rang abzulaufen drohte.

Man hat den Euro zu retten geglaubt – in Wahrheit hat man ihm ein schleichendes Gift verpasst, dessen tödliche Wirkung erst mit Verzögerung eintreten wird.

KAPITEL ACHT

Die deutsche Selbstentmachtung

Man kann nicht behaupten, dass die deutschen Medien den Skandal der Griechenlandrettung auf unsere Kosten mit Stillschweigen übergangen hätten – sie betätigten sich, wie man es in Amerika nennt, als *whistle blower*, bliesen also warnend in die Trillerpfeife, und die Deutschen, denen man recht tief ins Portemonnaie gegriffen hatte, nachdem ihre Politiker dasselbe recht weit geöffnet hatten, waren einen Moment lang alarmiert und regten sich entsprechend auf. Es rauschte gehörig im Blätterwald. Aber dass es, wie im Fall des Bahnhofstreits »Stuttgart 21«, zu einer Volksbewegung gekommen wäre, die lautstark rebellierte, wurde nicht berichtet. Dabei war das Volumen des Griechenlandpakets und das damit zusammenhängende Unrecht weit größer als das des tiefgelegten Zukunftsbahnhofs.

Lange hielt man sich nicht bei dieser deutschen Selbstbeschädigung auf, denn schon kurz darauf berichteten die Medien über neue Pakete, die ebenfalls Anlass zur Aufregung boten. Ein weiterer Grund, warum man, im Gegensatz zu Stuttgart 21 oder zum Atomendlager Gorleben, so schnell zur Tagesordnung überging, lag in der Tatsache, dass die Deutschen gegenüber dem Ausland traditionell zur Selbstbegnügung, ja Selbstbeschädigung neigen. Ich brauche hier keine historischen Beispiele zu nennen; sehr wohl aber möchte ich darauf hinweisen, dass man in der jüngeren bundesrepublikanischen Geschichte Wert darauf legte, diesen Selbstdemontagen einen altruistisch-moralischen Anstrich zu geben: Was man tat, geschah um der Völkerfreundschaft willen. Damit erhielt der Politiker, dessen Nachgiebigkeit eigentlich gegen seinen Amtseid verstieß, die Möglichkeit, seine Verantwortungslosigkeit als höhere Vernunft, seine Schwäche als höhere Moral auszugeben.

Ich sage Schwäche, weil es in den letzten Jahrzehnten fast immer der Reflex des, pardon, Schwanzeinziehens war, der uns gegenüber den Europäern und Amerikanern finanzielle Nachteile einbrachte. Ja, oft hatte ich das Gefühl, dass unsere Freunde diesseits und jenseits des Atlantik geradezu darauf spekulierten, dass wir uns grundsätzlich duckten, weil wir nun einmal daran gewöhnt waren oder weil wir den »Krieg verloren« hatten oder in der UN-Charta formal immer noch als »Feindstaat« gelten, auch wenn wir wieder als temporäres Mitglied im Sicherheitsrat sitzen dürfen. Es gibt bei uns den berühmten Satz »Der Klügere gibt nach« – weniger bekannt ist der warnende Nachsatz: »Aber keiner ist so dumm, der Klügere sein zu wollen.« Wenn in Europa in Zukunft immer der Klügere nachgibt, wird es bald nur noch von den Dümmeren regiert.

Im Fall unserer Bundeskanzler traten diese regelmäßigen Schwächeanfälle bevorzugt gegenüber französischen Staatspräsidenten auf, die mittels Glanz und Intrige, Schmeichelei und Erpressung, Zuckerbrot und Peitsche fast alles bekamen, was sie für ihr Volk erreichen wollten. Und wenn man unseren Freunden das vorgeworfen hätte – was selbst unsere alles beklagenden Medien unterlassen haben –, wäre ihre Antwort gewesen: Deutschland hat sich in der Vergangenheit durch demonstrativ gezeigte Stärke verhasst gemacht; es ist also an der Zeit, dass es sich durch tätige Solidarität beliebt macht. Das träfe sogar den Kern der Sache: Hat man sich früher durch allzu großes, oft mit Waffengewalt vorgetragenes Selbstbewusstsein beschädigt, so zieht man seit Gründung unseres Staates vor, dies mittels mangelnden Selbstbewusstseins zu erreichen.

Was seit der Finanz- und Bankenkrise in Europa an Finanztransaktionen beschlossen wurde, geht so offensichtlich zulasten Deutschlands, dass einen der Schutzschirmbeschluss vom 9. Mai 2010 gar nicht weiter erstaunen kann. Die Bundesrepublik zieht nun einmal traditionell den Kürzeren, und gerade dann, wenn es um die Verteilung einflussreicher Ämter geht, in denen über deutsche Geldmittel entschieden wird, scheinen ihre Vertreter inexistent zu sein.

Die Abwesenheit deutscher Führungskräfte in den großen Finanzorganisationen darf man geradezu chronisch nennen: Vertreter der immerhin viertgrößten Volkswirtschaft der Welt und des drittgrößten Beitragszahlers der Vereinten Nationen findet man weder an einer wichtigen Schaltstelle der Welthandelsorganisation WTO, die über den freien und fairen Handel wacht, noch der OECD, der Organisation für wirtschaftliche Zusammenarbeit und Entwicklung, noch des IWF, dem Internationalen Währungsfonds – Horst Köhler bildete hier 2000 bis 2004 eine Ausnahme –, noch irgendeiner UN-Agentur von Bedeutung, noch selbst an der Spitze der Europäischen Union, für die Deutschland den größten finanziellen Beitrag leistet. Wo stecken sie denn, die Deutschen? In den hinteren Reihen, wie man schon auf den Gruppenbildern der Gipfeltreffen sehen kann. Nur wenn es hinterher ans Bezahlen geht, gilt der Bibelspruch, wonach die Letzten die Ersten sein werden.

Schon 1994 monierte Wolfram Engels, bekannter Wirtschaftsprofessor und damaliger Herausgeber der *Wirtschafts-Woche*, dass »Deutschland zwar zahlen darf, aber nichts zu sagen hat«. Dazu fällt mir, als historische Parallele, die sogenannte Tributpflicht ein: Ein Volk, das von Stärkeren unterworfen wurde, aber formal seine Freiheit behalten durfte, hatte an die überlegenen Mächte Tribut zu leisten, ansonsten aber nichts zu melden. Kürzlich wurden die Deutschen daran erinnert, dass sie seit fast hundert Jahren zu Zwangsleistungen an ihre Freunde verpflichtet sind: Ende September 2010 wurden die letzten Schulden aus den Reparationszahlungen beglichen, die Deutschland für die zwischen 1914 und 1918 entstandenen Kriegsschäden zu zahlen hatte. Es handelte sich immerhin noch um fast 70 Millionen Euro, die vom heutigen Steuerzahler aufzubringen waren, allerdings nur als winziger Restteil der insgesamt umgerechnet rund 700 Milliarden Euro, die Deutschland in Versailles aufgebürdet worden waren. Der Fall einer neuerlichen Tributpflicht ohne weitere Einflussmöglichkeit dürfte spätestens dann in Europa eintreten, wenn es nur noch Nehmerländer gibt, denen ein einziges Geberland die benötigten Mittel zuzuliefern hat.

Schon heute zahlt Deutschland 89 Prozent mehr in die EU ein, als es nach dem Maßstab des Pro-Kopf-Einkommens zahlen müsste – in der Dekade nach 1999 addierte sich das zu stolzen siebzig Milliarden Euro, die unseren Freunden Wohlstand brachten, in unseren Staatshaushalt aber Löcher rissen. Der Euro-Kritiker Professor Wilhelm Hankel ging gegenüber *Boerse-Express* im Juni 2010 noch weiter: »Aus Sicht Deutschlands wurden durch die Transfers buchstäblich Hunderte Milliarden Euro an Kapital verloren, die jetzt zu Hause fehlen.«

Auch ifo-Chef Hans-Werner Sinn sieht die Deutschen als große Verlierer der EU und des Euro. In seiner Europa-Denkschrift *Rescuing Europe* weist er auf die wenig bekannte, weil unpopuläre Tatsache hin, dass »Deutschland gewaltige Mengen an Kapital verloren hat, obgleich es diese zum Wiederaufbau seines ehemals kommunistischen Ostteils gebraucht hätte. Tatsächlich wurde Deutschland in den letzten Jahren zum zweitgrößten Kapitalexporteur überhaupt«. Profitiert haben das südwestliche Europa und die USA, die unser Kapital »förmlich einsaugten, um ihre Investments zu finanzieren und sich ein gutes Leben zu machen«.

Mit Ausnahme der Reichen, so Sinn, hat die gesamte »deutsche Bevölkerung darunter gelitten«. Auch wenn sich im Jahr 2010 vieles erfreulicher darstellt, bleibt es eine Tatsache, dass wegen der riesigen Kapitalströme ins Ausland »Deutschland neben Italien die niedrigste Wachstumsrate aller europäischen Länder aufzuweisen hat«. In den letzten vierzehn Jahren wuchs beispielsweise das BIP Irlands um 198 Prozent, das Griechenlands um 58 Prozent und das Spaniens um 50 Prozent – das unseres eigenen Landes dagegen um ganze 14 Prozent, obwohl wir deutlich länger arbeiten. Deshalb sind wir im Wachstum seit 1995 vom dritten auf den zehnten Platz zurückgefallen. Nur als Zahlmeister glänzen wir als Nummer Eins – eine Position, die uns niemand streitig machen will.

Der jüngste Fall von Selbstdemontage geht eindeutig auf die Kappe der Kanzlerin. Sie hat, nach anfänglichem Widerstreben, auf ganzer Linie kapituliert und ihrem französischen Duzfreund Nicolas den Sieg überlassen. Da es dabei um nationalökonomische Fragen, also um den Wohlstand des eigenen Volkes ging, das heißt um unsere unbezahlbaren Staatsschulden, aber auch um die maroden Schulen, Schlaglöcher auf den Straßen usw., durfte man erwarten, dass die promovierte Physikerin sich von kundigen Fachleuten beraten ließ. Das war wohl auch so, nur setzt eine erfolgreiche Beratungstätigkeit zum einen voraus, dass die Betreffenden den Mut haben, ihrer Chefin die Meinung zu sagen, und zum anderen, dass diese die Größe aufbringt, auch widersprechende Meinungen gelten zu lassen. In diesem Punkt bin ich sehr im Zweifel. Ausgewiesene Fachleute wie Friedrich Merz oder Roland Koch, die oft genug anderer Meinung waren, hat sie aus ihrer Umgebung »weggezaubert«, und jenen, die verblieben sind wie Bundesbankpräsident Axel Weber, scheinen die Hände gebunden zu sein, weil sie sich noch etwas von ihr erwarten.

Angela Merkel gehört unzweifelhaft zur Kategorie der unumstrittenen, fast allmächtigen Parteiführer, die Erfolg bei den Wahlen garantieren und deshalb jeden, der »wider den Stachel löckt«, zum Schweigen bringen können. Dadurch besteht die Umgebung solcher Parteiführer aus Leuten, die sich freiwillig mit einem Maulkorb versehen haben, oder aus Selbstverkleinerungskünstlern, die sich ganz von selbst auf das Maß zurechtstutzen, das genehm ist.

In einem wichtigen Punkt unterscheidet sich Angela Merkel allerdings von der typischen Spezies innerparteilicher Allmacht: Sie führt nicht, sie kommandiert nicht, sie legt sich nicht fest, sondern überlässt es anderen, sich zu exponieren und damit ein bequemes Angriffsziel zu bieten. Mit dieser evasiven Haltung, die erst auf den Plan tritt, wenn die Schlacht geschlagen ist und die Verlierer am Boden liegen, hat sie sich lange Jahre halten können, und sogar mit Erfolg, da man sich mit sogenannter »Realpolitik«, die eindeutigen Prinzipien folgt, in einer Diskussions- und Kommissionsdemokratie wie der unseren schnell selbst verheizt.

Um kein Missverständnis aufkommen zu lassen: Bei allen Schwächen ist mir Frau Merkel weitaus lieber als ihre parteipolitischen Gegner, die gerade in den letzten Monaten eine Sprache sprechen, die mich an die vergifteten Debatten der Weimarer Republik erinnert. Jeder von ihnen, ob Sigmar Gabriel, Jürgen Trittin, Renate Künast oder Gregor Gysi, verfügt über eine Rhetorik, der Angela Merkel nichts entgegenzusetzen hat – nur: Es ist eine schlimme Rhetorik, deren schneidende Schärfe den Gegner nicht mit Argumenten, sondern mit den Stichwaffen der vermeintlichen moralischen Überlegenheit verletzen und zur Strecke bringen will. Noch häufiger als die Stichwaffe wird allerdings die von Walser beschriebene »Moralkeule« eingesetzt. Ob es sich um Thilo Sarrazin, die Laufzeitverlängerung für Atomkraftwerke oder die Einsparungen bei Sozialleistungen handelt: Man argumentiert nicht, man richtet, und am liebsten richtet man hin. Natürlich nur rhetorisch. Früher nannte man das Demagogie.

Die Kanzlerin ist nun wahrhaftig keine Demagogin, und vor der Versuchung durch die ach so gefährliche »Realpolitik« bewahrt sie ihre Erziehung im protestantischen Pfarrhaus. Ihre Nicht-Rhetorik ist mir immerhin angenehmer als die moralischen Vernichtungsfeldzüge ihrer Gegner. Doch endet Angela Merkels Latein gerade dort, wo es auf realistische Interessenvertretung ankommt, nämlich im Verhältnis zum Ausland, vor allem zu den europäischen Partnern. Ihre defensive, abwartende Strategie der kalkulierten Selbstzurücknahme wird, wenn es in Europa um Verteilung von Macht und Geld geht, zum folgenschweren Fehler – etwa als würde man bei einem Pokerturnier, als Beweis des guten Willens, sein Blatt offenlegen. Oder gleich seine Chips zur allgemeinen Verwendung freigeben.

Eben das ist geschehen. Angela Merkel hat nicht verhindert, dass aus der deutschen Selbstbeschädigung eine deutsche Selbstentmachtung wurde. Um im Bild zu bleiben: Sie ist auf den Bluff ihres Hauptkontrahenten Nicolas Sarkozy hereingefallen, hat ihr sehr gutes Blatt offengelegt und gleichzeitig ihre Einsätze allen Mitspielern zur Disposition gestellt, nicht für sofortige Verwendung, aber für den Fall, dass Bedarf besteht. Sie hat gehandelt, als hätte sie geglaubt, dass nicht gepokert, sondern Mensch-ärgere-dich-nicht gespielt würde.

Schlimmer noch: Angela Merkel hat es vorgezogen, beim entscheidenden Spiel gar nicht anwesend zu sein. In der deutschen Innenpolitik hat sie mit dieser Taktik – nach Art des Tapferen Schneiderleins – schon manche Partie gewonnen. In der Außenpolitik kann Abwesenheit tödlich sein. Dann wird das Fell verteilt, das man für das eigene gehalten hatte. Und weil es so schnell geht, spürt man nicht einmal, dass es einem über die Ohren gezogen wird.

Mich wundert heute noch, dass die schreckliche Symbolik kaum einem aufgefallen ist: Am Tag, an dem über die Verwendung deutschen Steuergelds von bis zu 150 Milliarden Euro für ausländische Zwecke verhandelt wurde, zog Frau Merkel es vor, nach Moskau zur Feier der deutschen Niederlage von 1945 zu reisen. Präsident Sarkozy, schlau wie immer, war – vertreten durch Finanz- und Wirtschaftsministerin Christine Lagarde – am Pokertisch geblieben, hatte er sich doch vorgenommen, die Deutschen endlich aufs Kreuz zu legen.

Während die deutsche Spielerin eine vergangene Niederlage feierte und damit eine zukünftige besiegelte, kam es zu einer weiteren, wieder muss ich sagen, beklemmenden Symbolik: Wolfgang Schäuble, der deutsche Verhandlungsführer, erlitt vor Verhandlungsbeginn einen Schwächeanfall und musste ins Krankenhaus. Eben das geschah danach auch im europäischen Spielsalon: ein deutscher Schwächeanfall. Am Tisch, wo unsere Chips ganz schnell den Besitzer wechselten, war der Platz des deutschen Finanzministers unbesetzt, die deutsche Delegation, wie Hans-Werner Sinn formulierte, »kopflos«. Erst Stunden später traf mit Innenminister Thomas de Maizière ein fragwürdiger Ersatzmann ein. Zu retten war da schon nichts mehr. Seine Parole, es gelte, »Ruhe in den Karton zu bringen«, haben er und die anderen Deutschen allzu wörtlich genommen – sie hielten still.

Ein drittes fatales Vorkommnis bildete den Schlusspunkt dieser deutschen Katastrophe, die kaum einem aufzufallen schien: Nur Tage, nachdem Bundespräsident Horst Köhler das Ergebnis der fatalen Pokerpartie durch seine Unterschrift für alle Zeiten festgeschrieben hatte, trat er von seinem Amt zurück. Die lieben Deutschen schauten einander fragend an, sie wussten nicht, was ihnen da widerfahren war. Ich fürchte, sie haben bis heute noch nicht gemerkt, dass es an jenem Maitag 2010 in Brüssel zu einem *Putsch* gegen herrschendes Recht, einer *Untreue* gegen den deutschen Staat und einem finanziellen *Betrug* am deutschen Steuerzahler gekommen war. Und kaum einem ist aufgefallen, dass all dies außerdem noch zur Beschädigung des Bundespräsidentenamtes geführt hat.

Unvergesslich ist mir geblieben, wie sich innerhalb einer Woche, nämlich zwischen dem 2. und dem 9. Mai 2010, die von Europa zu zahlende – und von Deutschland zum erheblichen Teil aufzubringende – Summe von 110 Milliarden Euro auf 750 Milliarden Euro erhöht hatte. Eine solche Kostenexplosion hatte man nie zuvor erlebt, und dies, ohne dass sich zwischen den beiden Terminen wesentliche Parameter geändert hätten. Alles, was zu dieser Vervielfachung führte, hatte man schon vorher gewusst: dass irgendwann nach Griechenland auch Portugal und Irland, Spanien und Italien um Hilfe schreien konnten, womöglich sogar Frankreich. Ich sage, irgendwann, denn gewiss war es nicht. Aber für gewiss konnte man halten, dass sich mit der Bereitstellung dieser Summe als Rettungsschirm die Wahrscheinlichkeit eines solchen Hilferufs erheblich erhöht hatte. Oder hat es je einen offenen Topf gegeben, der nicht schnell Hände gefunden hätte, die ihn leerten?

Eindeutig lässt sich schon jetzt rekonstruieren, dass im selben Augenblick, in dem die griechische Hilfe festgelegt wurde, der Euro abgesackt ist. Statt zu steigen, wie man hätte erwarten können, fiel er. Der Dollar hatte keinen Grund, gegenüber dem Euro Boden gutzumachen, aber der Euro hatte gegenüber dem Dollar an Boden verloren. Mit anderen Worten, die 110 Milliarden des ersten Pakets hatten Griechenland geholfen, dem Euro aber geschadet, ganz einfach, weil sie dessen Stabilität aushöhlten. Die Märkte haben das Griechenlandpaket als Destabilisierung des Euro empfunden, und sie lagen richtig damit. Auch wenn der Euro-Kurs heute noch weit über dem zur Zeit seiner Einführung liegt, spricht die Entwicklung des Wechselkurses nach der Griechenlandkrise eine eindeutige Sprache.

Und dann kam das Brüsseler Wochenende vom 7. bis 9. Mai – und alles wurde um ein Vielfaches schlimmer. Wir erinnern uns an die vorausgegangene Kampfansage der Hedgefonds, an den kurzfristigen Absturz des Dow Jones vom 6. Mai, an die beschwörenden Telefonate Barack Obamas, der auf »entschlossene Schritte« der Europäer drängte, und auch an die Gerüchte, die von einer noch größeren, geradezu vernichtenden Attacke gegen den Euro sprachen, die unmittelbar bevorstehen sollte. Gerüchte waren es also hauptsächlich, die den in Brüssel versammelten Staatsmännern und -frauen die Angst einjagten, es könne, wie nach der Lehman-Pleite, zu einem plötzlichen Dominoeffekt der Euro-Staaten kommen.

Der Herr der Gerüchte scheint, wen wundert es, Frankreichs Staatspräsident gewesen zu sein. Im Vorfeld hatte er außerdem durch gezielt gestreute Informationen die Befürchtung verbreitet, Angela Merkel plane insgeheim *une Europe germanique*, womit er seine Duzfreundin offenbar mit Adolf Hitler verwechselt hatte. Auch um diesem urdeutschen Anspruch entgegenzutreten, so der Franzose, sei eine Wirtschaftsregierung der sechzehn Euro-Staaten, die praktischerweise in Paris beheimatet sein sollte, unverzichtbar.

Es kam der 7. Mai, der erste Abend der Entscheidung. In der ihm eigenen nervösen Umtriebigkeit, die etwas Erratisches, geradezu Irrationales hat, eilte »Sarko« zwischen den Entschei-

146

dungsträgern hin und her, um sie durchzukneten. Er sprach offen von einer bevorstehenden »spekulativen Attacke auf den Euro« und konnte dabei auf Obama verweisen, der sich neben ihm und Angela Merkel auch andere Europäer zur Brust genommen hatte, um ihnen die Notwendigkeit eines europäischen Schutzschirms nahezubringen. Die Frage, ob sich ausgerechnet der amerikanische Präsident mit seiner Weltrekordverschuldung zum idealen Verteidiger europäischer Geldwertstabilität eignete, wurde nicht gestellt. Man war einfach zu nervös, um auf die Vernunft zu hören.

Die Franzosen arbeiteten an jenem Wochenende mit verteilten Rollen. Hatte Sarkozy am Freitagabend, laut *FAZ*, »in bilateralen Gesprächen den Boden für ein solches Paket bereitet«, so übernahm am Folgetag ein Mann das Plädoyer, der jenseits nationalistischen Verdachts zu stehen pflegte: der EZB-Chef Jean-Claude Trichet. Mit Nachdruck und der ihm eigenen sanften Eloquenz schilderte er den Staatsführern, dass es sich nicht um eine Griechenlandkrise, sondern bereits eine »systemische« Krise handelte, dass also ein allumfassender Schaden im europäischen Haus entweder bereits eingetreten war oder bevorstand. Es konnte, suggerierte Trichet, so ähnlich kommen wie im Fall des Lehman-Kollapses. *Pericula in mora*, hieß es im alten Rom, wenn der Feind kam, »Gefahr im Verzug«. So lautete Trichets eindeutige Botschaft, die von Bundesbankpräsident Weber, der gern sein Nachfolger werden möchte, inhaltlich voll geteilt wurde.

Auch von einem kleinen, aber feinen Erpressungsversuch ist zu berichten. Vorausgeschickt sei, dass Nicolas Sarkozy, der sich für einen zweiten Napoleon zu halten scheint, zwar als Pokerspieler Triumphe feiert, als Politiker aber Angela Merkel nicht das Wasser reichen kann. Sie ist beständiger und substanzieller, durchdringt Probleme auf analytische Art, während er spontanen Eingebungen folgt, auch wenn sie falsch sind. Sie besitzt, kurz gesagt, einen längeren Atem. Ihr Problem liegt, ebenso knapp gesagt, darin, dass ihr Atem manchmal einfach zu lang ist, will sagen: dass sie sich nicht rechtzeitig entscheiden kann. Das passiert Sarkozy schon deshalb nicht, weil er sich zu entscheiden scheint, noch bevor er lange nachgedacht hat. Mir kommt er vor wie ein hakenschlagender Hase, der nach Belieben über die Felder fegt und nirgends zu greifen ist. Im Vergleich ist mir die langsame Kanzlerin lieber.

Vielleicht aufgrund dieser unterschiedlichen Temperamente hat das deutsch-französische Verhältnis seit einiger Zeit an Intimität verloren, woran ich nichts Falsches finde. Ich habe mich immer gefragt, warum überhaupt Europa seit den Tagen Adenauers und de Gaulles von diesem »Ehepaar« geführt werden musste, wobei man oft nicht einmal wusste, wer den Mann abgab und wer die Frau, und warum die anderen Länder, selbst Großbritannien, das auch noch akzeptiert haben.

Dass sich in der Beziehung Sarkozy-Merkel der Franzose als dominierend hervorgetan hat, ja geradezu vorgeprescht ist, kam möglicherweise dem vorsichtig tastenden Wesen Angela Merkels entgegen. So konnte sie die Fehler, die dieser Springinsfeld beging, nachträglich souverän korrigieren. Leider brachte diese Art von Aufgabenteilung im Fall der europäischen Macht- und Kostenverteilung großen Schaden. Der dominante Präsident beanspruchte plötzlich auch die Macht über die »Aussteuer« der Kanzlerin, die er sich nach Art eines trickreichen Heiratsschwindlers sicherte.

Wie einst Frankreichs Wirtschafts- und Finanzminister Jacques Delors »alle Register der Verhandlungstaktik und -dramaturgie gezogen« (Hans Tietmeyer) und dabei mit Rückzug aus der Gemeinschaft gedroht hatte – mit durchschlagendem Erfolg bei den konfrontationsscheuen Deutschen –, so spielte nun auch Sarkozy mit dieser Karte, nur zum Bluff natürlich, wie es im Pokern üblich ist. Es war sein spanischer Kollege José Louis Zapatero, der hinterher der Presse steckte, Sarkozy habe damit gedroht, Frankreich aus dem Euro-Raum zu nehmen und die französisch-deutsche Allianz aufzukündigen, wenn Deutschland nicht bereit wäre, seinen Geldbeutel aufzumachen.

In dieser Drohung spiegelt sich die ganze Absurdität seines, wie man allerdings zugeben muss, durchschlagend erfolgreichen Auftritts. Wie weit ist es mit Deutschland gekommen, fragte ich mich damals, dass unsere Politiker sich schon unter Druck gesetzt fühlen, wenn ein französischer Präsident damit droht, sein eigenes Land aus der Währungsunion zurückzuziehen? Spätestens in diesem Augenblick hätte Frau Merkel – oder wer immer für uns am Tisch saß und beim Spektakel zuschaute – laut und deutlich sagen müssen: Moment mal, wenn hier jemand diesen Trumpf in der Hand hält, dann wir. Das ist natürlich nicht erfolgt.

Nun kann ich zwar nachvollziehen, dass unsere Politiker nicht den Mut aufbrachten, einem Zerfall der Euro-Gemeinschaft zuzustimmen – wobei es doch eher die Frage war, ob die Franzosen die Courage dazu besaßen –; doch bleibt mir unverständlich, warum wir nicht im Gegenzug die Karte einer Wiedereinführung der D-Mark ausgespielt haben, die bekanntlich zu den historischen Schreckgespenstern des modernen Frankreich gehört. Diese Drohung hätte Wirkung gezeigt – dagegen war Sarkozys Ankündigung, den Franc wieder auferstehen zu lassen, ein schlechter Witz. Doch leider auch ein guter Bluff.

Schon am Samstagabend stand mehr oder weniger der Beschluss fest, zur Abwehr dieser alles bedrohenden Gefahr, dieser neuerlichen Finanzkatastrophe, dieses spekulativen Tsunami einen europäischen Schutzschirm aufzuspannen, bei dem geklotzt, nicht gekleckert werden sollte, und der schließlich am Sonntag festgeklopft werden musste, denn wenn am Montagmorgen, genauer gesagt: um 2:00 Uhr Brüsseler Zeit, die asiatischen Börsen öffneten, konnte es schon zu spät sein und der Kollaps der europäischen Herrlichkeit eintreten. Das war die Botschaft. Dass sie exakt den Interessen Nicolas Sarkozys entsprach, erschließt sich aus dem Umstand, dass er noch am Abend »triumphierend« verkündete, die Notbeschlüsse, die Europa gleichsam vor den asiatisch-amerikanischen Finanzhorden schützten, gingen »zu 95 Prozent« auf französische, sprich: seine Vorstellungen zurück.

»Die Kanzlerin sagt fast nichts«, registrierte die *FAZ* lapidar. »Früher von ihr vertretene Prinzipien einer auf Stabilität gegründeten Währungsunion werden geopfert.« Und basta. Aber sie befindet sich ja schon auf dem Absprung zur Moskauer Siegesparade über Deutschland. Während sie vermutlich durchrechnet, wie die rund 150 Milliarden Euro aufzubringen sein werden, die ein Euro-Land im Notfall bei ihr abrufen darf, feiert Nicolas Sarkozy seine persönliche Siegesparade über Angela Merkel.

Einen banalen Grund für den französischen Jubel benannte bald darauf der indisch-amerikanische Star-Ökonom Jagdish Bhagwati von der New Yorker Columbia-Universität: »Die Franzosen geben gern deutsches Geld aus.« Vor allem, so sei hinzugefügt, wenn man es ihnen so leicht macht. Der Schweizer Topmanager und ehemalige IBM-Vice-Chairman, Kaspar Cassani, bemerkte mir gegenüber lakonisch, auch diesmal hätte »einmal mehr Frankreich mit Sarkozy Deutschland übers Ohr gehauen«.

Wie die internationale Presse registrierte, die Merkels bittere Niederlage beschrieb und die Kanzlerin gar als Sarkozys »Pudel« verhöhnte, schonte Nicolas Sarkozy seine Duzfreundin nicht. Er wollte den Triumph voll auskosten und der Welt zeigen, wer in Europa das Sagen hat. Nur hatte seine Partnerin daraus kaum einen Hehl gemacht: Siegestrunken, doch nicht wie ein Gentleman, taumelte Sarkozy durch eine offene Tür.

Die Revanche folgte vier Monate später: Als Sarkozy wieder einmal im Eilschritt durch Merkels Tür marschieren wollte, und zwar mit der erfundenen Behauptung, auch sie plane die massenhafte Abschiebung von Roma, ließ sie ihn auflaufen. Zum Glück sind auch Kanzlerinnen lernfähig. Nur bringt uns dieser »Sieg« unsere Milliarden nicht mehr zurück.

Zurück zu jener turbulenten Nacht in Brüssel, wo deutsche Hasenfüßigkeit die »Brüskierung« (Hans-Werner Sinn) durch Frankreich und Resteuropa erst möglich gemacht hatte. Damals stellte sich kaum einer die Frage, ob es auch mit rechten Dingen zugegangen war – und ob die Ausgangssituation auch der Wirklichkeit entsprochen hatte. Man fragte nicht, weil Autoritäten von Barack Obama über Nicolas Sarkozy und Jean-Claude Trichet bis zu Axel Weber und dem Luxemburger EU-Veteranen Jean-Claude Juncker unisono behauptet hatten, eine massive Attacke auf den Euro, der zu dessen Kollaps führen könne, stünde unmittelbar bevor. Deshalb war Panik in Brüssel ausgebrochen, und nur weil, laut *FAZ*, die »nackte Angst« umging, stimmte man den Vorschlägen zu. Selbst Angela Merkel, die Verkünderin der »Alternativlosigkeit«, beteuerte: »Scheitert der Euro, dann scheitert Europa.«

All das war, wie sich im Rückblick zeigt, eine Blase gewesen, ein Hype, eine künstlich gezüchtete Hysterie, der die einen ebenso zum Opfer fielen, wie die anderen von ihr profitierten. In seiner Denkschrift zur Rettung der Gemeinschaft belegte Hans-Werner Sinn, was heute die Spatzen von den Brüsseler Dächern pfeifen: dass die »nackte Angst« unbegründet war und die Schlüsse, die man daraus zog, falsch.

Wie sich an der Bewegung der Währung in den entscheidenden Tagen ablesen lässt, hat – trotz der »Verschwörung« der
Hedgefonds – zu keiner Zeit eine ernste Bedrohung des Euro
bestanden. Sollte eine Gefahr existiert haben, so Hans-Werner
Sinn weiter, dann wegen Sarkozys und Trichets offizieller Be-
kanntgabe, dass der Euro von einer »systemischen Krise« er-
fasst sei. Man hat den Teufel an die Wand gemalt, und alle haben das große Zittern bekommen.

Auch dieses Vorgehen fällt in den Bereich der *self-fulfilling
prophecy*: Indem die Franzosen die Gefahr beschworen, ist sie,
zumindest für diesen Augenblick, eingetreten. Das trieb den
entscheidenden Schwall heißer Luft in die Blase, deren Entstehung Sarkozy sich zusammen mit anderen südeuropäischen
Staaten vorgenommen hatte. So kam es, dass Frankreich zur
Erreichung seines Ziels – wir erinnern uns an die französischen
Banken mit ihren Schrottpapieren – den Deutschen förmlich
»den Arm herumgedreht hat« (Hans-Werner Sinn), worauf
diese allerdings auch eine »erbärmliche Reaktion« zeigten: Sie
wehrten sich nicht, sondern ließen sich »alles gefallen«. Das
war's denn auch gewesen. Sobald das Paket geschnürt, der
Schutzschirm in trockenen Tüchern war, schien das Gespenst
des Euro-Zusammenbruchs wie weggblasen. Auch von den
Hedgefonds war nichts mehr zu hören.

Die andere Frage, die vor lauter Aufregung über diese Über-
rumpelung kaum einem eingefallen ist, lautete: Was hätte eigentlich auf einen solch eklatanten Vertragsbruch wie die Abschaffung der *No-Bail-out*-Klausel und die Einführung des
Schutzschirms folgen müssen? Das natürliche Rechtsempfin-
den fordert, dass eine Übertretung geahndet, dass ein Verge-
hen bestraft wird.

Wenn etwa ein Kaufvertrag gebrochen wird, gibt es verschie-
dene Wege der Wiedergutmachung, die juristisch exakt vorge-

schrieben sind. Während meines Studiums in Hamburg erfuhr ich bei Professor Eberhard Witte, einem einflussreichen und ebenso einprägsam wie anschaulich lehrenden Betriebswirtschaftler, was zu geschehen hatte, wenn eine bestellte Ware nicht den Erwartungen entsprach. Dann kam es, wie Witte uns erklärte, zu *Waminascha.* »Wie bitte?« fragten wir unisono. Mit diesem Wort, so gab er zur Antwort, würden die vier Alternativen ausgedrückt, die dem Konsumenten offenstanden: *Wa* stand für »Wandlung«, das heißt, man konnte den Kaufvertrag rückgängig machen; *mi* bedeutete, dass man eine »Minderung« des Preises in Anspruch nahm. Hinter dem *na* verbarg sich die Möglichkeit einer »Nachlieferung«, wobei anstelle der reklamierten Ware eine neue geliefert wurde, die den Erwartungen des Käufers entsprach. Und *scha* hieß »Schadenersatz«, falls durch die fehlerhafte Ware bereits ein Schaden eingetreten war. Dies gehört zur ständigen Praxis in der deutschen Wirtschaft und lässt sich, wenn nötig, vor Gericht klären – ob es sich um einen Traktor handelt oder eine Urlaubsreise, bei der sich der versprochene Meerblick als Hinterhof entpuppte: Immer tritt die Zauberformel Waminascha in Kraft.

Beim unendlich wichtigeren Thema Euro und Europäische Gemeinschaft gab es kein Waminascha. Der Euro, der den Deutschen in den 90er Jahren zu bestimmten Bedingungen »verkauft« worden war, hatte sich für sie als eine trügerische, Milliarden verschlingende Konstruktion erwiesen. Sein Wert hatte sich durch offenen Vertragsbruch gemindert, aber weder an Schadenersatz, Wandlung noch eine sonstige Kompensation war zu denken. Auch ist niemand zu Gericht gegangen und hat geklagt. Ein paar besorgte Volkswirtschaftler um den emeritierten Tübinger Professor Joachim Starbatty sind beim Bundesverfassungsgericht vorstellig geworden und wurden abgeschmettert, wie ich es nicht anders erwartet hatte.

Bald fand ich heraus, dass durchaus die Möglichkeit bestanden hätte, den ganzen Schutzschirm zu Fall zu bringen: Ein einziges Mitgliedsland hätte sein Veto einlegen müssen. Aber keines hat es getan – die Deutschen nicht, obwohl sie die Geprellten waren, weil sie es sich nicht mit den anderen verderben wollten; und jene anderen nicht, weil sie jederzeit selbst in die Lage kommen konnten, von Europa beziehungsweise den Deutschen gerettet zu werden. Und wer lässt sich nicht gern retten, wenn dies einem Automatismus folgt, für den man sich nicht einmal bedanken muss? Schon hat das 3-Prozent-Land Griechenland anstandslos seine 110-Milliarden-Hilfe abzurufen begonnen. Wer weiß, vielleicht stellt sich als nächstes ein großes Land in die Warteschlange und spekuliert auf die 750 Milliarden, die zum Abholen bereit liegen. Welche Verlockung – und welcher Wahnsinn!

Wie konnte man in Berlin übersehen, dass durch diese Einrichtung ein Ungleichgewicht noch weiter verschlimmert wurde, das längst bestanden hatte, von den leidtragenden Deutschen aber als solches nicht wahrgenommen wurde: Wie gerecht ist es denn, dass die einen mit 60, die anderen mit 62 und wir mit 65 und bald mit 67 in Rente gehen? Ist das der Sinn einer Transfergemeinschaft? Wie gerecht ist es, wenn die Deutschen nicht nur erheblich länger arbeiten müssen, damit die anderen dies erheblich kürzer tun können, sondern vom Lohn dieser Arbeit auch noch erheblich mehr zu einer Gemeinschaft beisteuern müssen, die sich mit uns darauf geeinigt hat, erheblich weniger beizusteuern?

Seit den Brüsseler Beschlüssen gab es in Griechenland, Spanien und Frankreich Massendemonstrationen gegen die dort ebenfalls versprochenen Reformen auf den kostenintensiven Gebieten von Rente, Steuern und Sozialleistungen. Und das Beste ist, sie wirken: Demonstrationen werden in Europa be-

lohnt. Je massenhafter und geräuschvoller sich die Protestie-
renden in den Hauptstädten und Hauptnachrichtensendungen
Europas vernehmlich machen, desto erfolgreicher setzen sie
ihre Ziele gegen Europa durch.

Ganz anders in Deutschland: Hier wird nicht gegen die reale
europäische Ausplünderung demonstriert – lieber kämpft man
wie Don Quijote gegen eingebildete Riesen und Windmühlen
und übersieht, dass man sich damit anderen, die in der Wirklichkeit leben, als willfähriges Opfer anbietet.

Um den europäischen Wahnsinn noch weiter zu treiben, hat
Kommissionspräsident Barroso im September eigene Europa-
steuern gefordert. Dies entspricht exakt dem zentralistischen
Denken, wie es von Paris vorgegeben wird, und widerspricht
dem föderalen Modell, das sich in Deutschland bewährt hat –
oder sagen wir lieber, bewährt hätte, wenn es nicht den ver-
hängnisvollen Länderfinanzausgleich gäbe. Aber im Prinzip
gilt nach wie vor, dass ein moderner Staat und auch eine Staatengemeinschaft wie die EU nicht von oben Steuern einfordern
kann, die unten irgendwie zu erbringen sind – Steuern müssen
dort ausgegeben werden, wo sie erarbeitet werden, denn nur so
stehen die Politiker gegenüber den Steuerzahlern in der Verantwortung, können von ihnen in die Pflicht genommen werden. Brüssel dagegen ist weit, und die Funktionäre, die unser
Geld nach Gutdünken ausgeben – sprich umverteilen –, sprechen eine andere Sprache, und damit meine ich nicht nur die
Muttersprache.

Doch mit dem Schutzschirm war der Putsch noch nicht voll-
endet. Am Tag nach dem Einknicken der Deutschen begann
die EZB eine Tätigkeit zu entfalten, die bis zu diesem Datum,
dem 10. Mai 2010, schier unvorstellbar gewesen wäre, ganz
einfach weil sie den Prinzipien der Bank diametral gegenüber-
stand: Sie kaufte im großen Stil die Staatsanleihen südeuropäi-

scher Staaten auf, vor allem natürlich griechische, die im Branchenjargon »Schrottpapiere« genannt werden. Es hatte zuvor eine »hitzige Debatte« (*FAZ*) im Zentralbankrat gegeben, bei der sich diesmal die deutschen Repräsentanten, Bundesbankpräsident Axel Weber und Direktoriumsmitglied Jürgen Stark, unterstützt vom niederländischen Zentralbankpräsidenten Nout Wellink, mit Händen und Füßen gewehrt hatten – vergebens. Überhaupt scheint in der EU alles, was ihr schaden könnte, Einstimmigkeit zu erfordern, während das, was ihrer Machterweiterung nützt, mit Mehrheit durchsetzbar ist – der Lissabon-Vertrag macht das möglich. In diesem Fall setzten sich jene, die deutsch-niederländische Steuergelder für ihre heimischen Banken reklamierten, gegen die Vertreter der deutsch-niederländischen Steuerzahler durch.

Axel Weber als Vertreter der Bundesbank scheint so verzweifelt gewesen zu sein, dass er seinen Dissens mit Trichet und der Mehrheit sogar in die Öffentlichkeit trug. Dabei war es auch diesmal, jedenfalls nach Meinung Hans-Werner Sinns, legal zugegangen, wenn auch kaum legitim, da man ein »Schlupfloch in den Maastricht-Verträgen« ausgenutzt hatte. Dagegen kam Professor Martin Seidel vom Zentrum für Europäische Integrationsfoschung in Bonn zum Ergebnis, dass es sich dabei um eine »Überschreitung der vertragsrechtlichen Kompetenz« der EZB gehandelt habe, mit der »Unionsrecht verletzt« worden sei.

Sicher ist, dass es der Zentralbank auf diese zwielichtige Weise gelungen ist, die Hilfen für Griechenland nochmals aufzustocken und dessen immer neue Budgetlöcher mit europäischen Geldern zu stopfen. Bis Ende September hatte die EZB insgesamt über 60 Milliarden für Staatsanleihen finanzschwacher Euro-Staaten ausgegeben, womit das Risiko auf alle Teilnehmer, vor allem aber auf den zahlungskräftigsten von ihnen verteilt war – der sich wohl auch gewehrt hatte, doch in der Gewissheit, dass es, wie die Mehrheitsverhältnisse zwischen Geber- und Nehmerländern lagen, ohnehin zwecklos war. Die einst so mächtige Bundesbank erlebte hier ein weiteres Waterloo, vollstreckt von den Freunden, aber ermöglicht durch die eigene Regierung.

Durch diesen Ankauf wurde das Scheunentor für den nächsten Staatsbankrott noch weiter geöffnet, als es seit dem Rettungsschirm ohnehin schon war, und der Weg zur endgültigen Destabilisierung beschritten: Bedeutete die finanzielle Insolvenz eines Staates früher, dass dessen Bürger sich nun an härtere Zeiten gewöhnen mussten, so lief es jetzt auf einen Anruf in Brüssel hinaus, der aus zwei Informationen bestand: zum einen, dass die hochriskanten Staatsanleihen, die sich die EZB ans Bein gebunden hatte, endgültig wertlos geworden waren, und zum anderen, dass nun der Rettungsschirm seine segensreiche Wirkung entfalten musste. Schleusen auf und Geld her! Das hieß, dass der Wohlstand – ich erinnere an die »17 000 Swimmingpools« – im eigenen Land verteilt worden war, während die Schulden von den ausländischen, vor allem den deutschen Bürgern getragen werden mussten.

Jean-Claude Trichet wusste sehr gut, dass er sich hier auf den sprichwörtlichen »Ritt über den Bodensee« begeben hatte, weshalb er auch betonte, er würde die Staatsanleihen schnellstmöglich wieder verkaufen. Tatsächlich hat er schon damit begonnen, doch blieb das Volumen so klein, dass es fast wie ein Alibi erscheint. Auch für den fragwürdigen Schritt, seine gute Bank mit schlechten Anleihen zu belasten, fand er ein Alibi: Es seien schließlich Frankreich *und* Deutschland gewesen, die mit der Aushöhlung der Maastricht-Kriterien begonnen hätten. »Ich wünschte«, so sagte er im Juni 2010 zu *Welt-online*, »die deutsche Öffentlichkeit hätte mit der gleichen Empörung auf den Bruch des europäischen Stabilitätspaktes 2004 reagiert wie auf unsere Entscheidung, Staatsanleihen zu kaufen.« Womit er so falsch gar nicht liegt, nur hilft in diesem Fall die rhetorische Aufrechnungskunst auch nicht weiter.

Nicht weniger selbstbewusst als sein Chef äußerte sich das Direktoriumsmitglied der EZB, Lorenzo Bini Smaghi, der die dubiosen Ankäufe zu unerlässlichen »Stabilisierungsmaßnahmen für das bedrohte Finanzsystem« erklärte. Dass Bini Smaghi, wie ich mich gut erinnere, bei früherer Gelegenheit das gleiche Vorgehen als eine Politik gegeißelt hatte, die nicht mit Aufgabe und Moral einer Zentralbank zu vereinbaren sei, verschwieg der Italiener, und ebenso, dass er einst betont hatte, eine Zentralbank habe die Inflation zu verhindern, nicht anzuheizen.

Eben dies geschieht, seit die EZB sich vom Hort der Geldwertsicherheit zur *Bad Bank* entwickelt hat. Der Begriff, der zum ersten Mal während der Finanz- und Bankenkrise auftauchte, bedeutet, dass eine Bank, die sich zu viele Schrottpapiere aufgeladen und deshalb selbst nur noch Schrottwert hat, die »schlechten« Papiere einfach in eine neugegründete Bank auslagert, die damit zur »schlechten Bank« wird. Funktionieren kann dieses System allerdings nur, wenn der Staat, um die Abwicklung der Schrottpapiere zu ermöglichen, die Haftung etwa durch einen »Einlagensicherungsfonds« übernimmt. Der Staat bürgt also in der festen Absicht, der nun entlasteten Bank zum Neubeginn zu verhelfen, und in der vagen Hoffnung, dass aus schlechten irgendwann wieder gute Papiere werden.

Nicht mehr als eine vage Hoffnung besteht auch für die Staatsanleihen der griechischen, der irischen und mancher anderer Staatsbanken, deren Regierungen durch diese Auslagerung nach Frankfurt immerhin zeitweise entlastet sind und auf einen Neubeginn hoffen können.

Die Lust auf Anleihen, durch die frisches Geld in die Kassen geschwemmt wird, über dessen Rückzahlung sich kommende Generationen Gedanken machen können, hat neuerdings auch die EU-Funktionäre ergriffen. Wieder war es Kommissionspräsident José Manuel Barroso, der am 7. September 2010 in seiner pompösen *State-of-the-Union*-Rede im EU-Parlament die Auflage einer Euro-Anleihe forderte. Obwohl man, aus Angst vor leeren Sitzreihen, Geldstrafen bei Nichtanwesenheit angekündigt hatte, wurde Barrosos Selbstdarstellung von einem Teil des Straßburger Parlaments geschwänzt.

Was meinte er eigentlich mit Euro-Anleihen? Generell werden Anleihen von allen Staaten aufgelegt, um an fremdes Geld zu kommen, für das man wie für einen Bankkredit Zinsen zahlen muss. Es gibt heute beispielsweise griechische Anleihen in Euro, hinter denen der griechische Staat steht. Wenn man so will, verkauft er Anteile an seiner Volkswirtschaft, wie ein börsennotiertes Unternehmen Aktien verkauft. Da Athen weiß, dass man ihm nicht traut, muss es hohe Zinsen bezahlen. Dagegen bieten die Staatsanleihen, die etwa die deutsche Bundesbank ausgibt, logischerweise einen viel niedrigeren Zins.

Seit geraumer Zeit treten, angeführt von Frankreichs Wirtschafts- und Finanzministerin Christine Lagarde, immer mehr europäische Politiker auf, die es für angebracht halten, anstelle der nationalen Anleihen solche für die EU anzubieten, als wäre sie ein eigenständiger Staat. Als Barroso dies in seiner Straßburger Adresse den Parlamentariern vortrug, erntete er begeisterte Zustimmung – nicht weniger für den gleichzeitigen Vorschlag, eigenständige EU-Steuern einzuführen. Wer könnte es den Europa-Abgeordneten verdenken: Geld fällt vom Himmel und kann mit vollen Händen ausgegeben werden!

Der Zins, der für eine Euro-Anleihe anfallen würde, wäre der Durchschnitt sämtlicher Zinsen, die für europäische Staatsanleihen gezahlt werden. Plötzlich müsste Deutschland, das keine eigenen Anleihen mehr aufnehmen dürfte, für die benötigten Euro-Anleihen wesentlich mehr Zinsen zahlen, die schwächeren Länder dagegen wesentlich weniger. Und wenn heute schon geschätzte 18 Prozent des Bundeshaushaltes von Zinsen verschlungen werden, würde die Zinslast, die der deutsche Steuerzahler für Anleihen zu erbringen hat, praktisch verdoppelt. Gleichzeitig würde sich die Zinslast für den griechischen Steuerzahler halbieren.

Im Klartext: Hinter der Idee der Euro-Anleihe steckt ein weiteres Komplott zur Ausplünderung des deutschen Steuerzahlers. Das klingt drastisch, trifft aber den Kern der Sache. Damit dürfte das Ziel einer vollständigen Transfergemeinschaft noch näher rücken, von dem neben dem Europaparlament auch jene Mehrheit träumt, die schon heute die EZB, den einstigen Hort der Stabilität, in eine *Bad Bank* verwandelt hat. Noch wehren sich Länder wie Deutschland, die Niederlande, Österreich und Finnland gegen solche finanzpolitischen Raubzüge, doch die anderen befinden sich bereits in jener freudigen Erregung, die sich irgendwann zu einer Blase und einem Hype auswachsen wird. Zuzugeben ist aber auch: Erst durch deutsche Nachgiebigkeiten wurden derlei Begehrlichkeiten geweckt.

Noch einmal muss ich zu jenem Maiwochenende 2010 zurückkehren, an dem der Putsch gegen die europäischen Verträge stattgefunden hat, ohne dass es zu irgendeiner Ahndung gekommen wäre. Am 7. Juni wurde dieser Staatsstreich auch institutionell sanktioniert. Wie putschende Generäle ihre Macht durch Gesetze zu verankern suchen, die rückwirkend in Kraft treten, so beschlossen die europäischen Regierungschefs und ihre Finanzminister die Einführung eines neuen Instruments, das den deutschen Steuerzahler mit dem Wortmonstrum »Finanzstabilitätsfazilität« bedroht.

Nicht nur mit dem Wortmonstrum. Denn mit dieser Einrichtung haben sich die verantwortlichen EU-Politiker unbemerkt neue Machtbefugnisse geschaffen, die allesamt gegen Geist und Buchstaben von Maastricht verstoßen. Da aber in Maastricht deutsche Interessen kodifiziert wurden, richtet sich die neue Einrichtung unmittelbar gegen diese, auch wenn unsere Politiker das nicht zu stören scheint.

Der Clou dieser »Fazilität«, deren Name sich von dem französischen Wort für »Erleichterung«, *facilité*, ableitet, besteht darin, dass sich der 750-Milliarden-Stabilitätsfonds, der europäische Finanzsicherheit gewährleisten soll, seine Gelder selbstständig, also unabhängig von den europäischen Staatshaushalten, besorgen darf. Für Frau Merkel und Herrn Schäuble bringt das den unbestreitbaren Vorteil, dass sie die Stabilitätspaktgarantien nicht mehr in ihren Haushalt stellen müssen.

Bei dieser Fazilität, für die in Luxemburg bereits eine Zweckgesellschaft SPV gegründet wurde, handelt es sich offiziell um eine Auslagerung zur Refinanzierung, was aber auf eine Augenwischerei hinausläuft: Denn eigentlich gehören Summen, für die der Staat geradezustehen hat, in seinen Haushalt und nicht in das, was während der Bankenkrise als *conduit* fragwürdigen Ruhm erlangte. Zu Recht nannte der in Frankreich lehrende Wirtschaftswissenschaftler Jörg Guido Hülsmann die Entscheidung für dieses verdeckte Geldbeschaffungsinstitut ein »finanzpolitisches Ermächtigungsgesetz«.

Auch dies gehörte zu den Punkten, die der damalige Bundespräsident Horst Köhler am Abend des 21. Mai unterzeichnen musste – Knall auf Fall, wie bekannt ist –, nachdem das Gesetz Bundestag und Bundesrat im Sturmlauf passiert hat. Es war eine seiner letzten Amtshandlungen. Noch am Mittwoch davor war ich bei ihm zum Mittagessen eingeladen, zusammen mit anderen Vertretern des »Konvent für Deutschland« wie Ex-

Bundespräsident Roman Herzog, Henning Voscherau, Rupert Scholz und Multiaufsichtsrat Manfred Schneider, um mit dem Präsidenten über die deutsche Finanzverfassung und den fatalen Länderfinanzausgleich zu sprechen.

Auf dem Weg von meiner Wohnung zum Schloss Bellevue hörte ich zufällig die Stimme von Jürgen Trittin aus dem Radiolautsprecher dringen, die ich sofort an ihrem Bremer Akzent erkannte. Wer meine Bücher kennt, weiß, dass ich ihn für einen der größten Zyniker in der heutigen Politik halte, einen grünen Machiavellisten, der vergessen machen konnte, dass er einmal Kommunist war, und der heute keinen Schnauzer mehr, dafür aber Maßanzüge mit Krawatte trägt. Diese Mimikry nehme ich ihm nicht ab. Was ich da zu hören bekam, passte jedenfalls zu meinem Bild von ihm. Mit dem Eifer eines Großinquisitors warf Trittin dem Bundespräsidenten vor, er habe einer Art »Kanonenbootpolitik« das Wort geredet. Das *konnte* nicht stimmen, und ich fühlte Übelkeit in mir aufsteigen, wie sooft, wenn ich diesem Fachmann für Das-Wort-im-Munde-Herumdrehen zuhören musste.

Was war geschehen? Erst nach meinem Besuch beim Bundespräsidenten erfuhr ich, dass Horst Köhler auf dem Rückflug von einem Afghanistanbesuch auf die Rolle der Bundeswehr zum Schutz der Handelswege hingewiesen hatte, was mir auch deshalb unverfänglich erschien, da dieser Schutz etwa beim Antipiraterie-Einsatz der Bundesmarine am Horn von Afrika offiziell gewährt wird.

Leider wurde ihm sein an sich vernünftiger Satz im Munde herumgedreht, und die Oppositionsparteien, die mit der Demagogie ihrer Volksredner auf Stimmenfang gehen, begannen sogleich, auf Horst Köhler einzuschlagen, und zwar wiederum mit der berühmten Moralkeule, da es nun einmal unmoralisch sei, »Wirtschaftsinteressen mit Waffengewalt durchzusetzen«.

Foto: privat

Gut gelaunter Bundespräsident: Die »Kanonenboot«-Attacke Jürgen Trittins scheint spurlos an Horst Köhler vorübergegangen zu sein, der sich mit Ex-Bundespräsident Roman Herzog und Hans-Olaf Henkel unterhält.

Wer Horst Köhler kennt, weiß, dass er das nie und nimmer gemeint hatte. Aber das verdrehte Wort war nun einmal in Umlauf gekommen, und Jürgen Trittin gab den Chefankläger – im Namen der Humanität selbstverständlich.

Während ich, noch unter dem frischen Eindruck der trittinschen Hasspredigt, Horst Köhler die Hand schüttelte, konnte ich nichts an ihm bemerken, das irgendwie anders gewesen wäre als sonst. Natürlich war er über alles informiert, was sich gerade in den Medien austobte, aber er wirkte freundlich und entspannt wie immer, auch während des Essens und des Gesprächs, das sich um unser Hauptthema, die »Reform der Reformfähigkeit« Deutschlands, drehte. Auch ein Foto, das damals aufgenommen wurde, als er Roman Herzog und mir etwas erklärte, zeigt ihn gut gelaunt. Nein, die Angriffe gegen seine Person schienen an ihm abzuperlen wie Wasser, was mir bei seinem Amt, dem höchsten im Staat, auch angemessen schien.

Als er am 31. Mai überraschend vor die Presse trat, um seinen Rücktritt »aus Respekt vor dem Amt des Bundespräsidenten« bekanntzugeben, war ich wie vom Donner gerührt. Wegen einer solchen durchsichtigen Kampagne trat er zurück? Darüber jedoch verlor Horst Köhler kein Wort. Andererseits wusste ich, da er mir aus gemeinsamer Zeit im Verwaltungsrat der Treuhand ganz gut bekannt war, dass er auch beinahe mimosenhaft empfindlich sein konnte. Sollten ihn die Angriffe doch tiefer verletzt haben, als ich bei meinem Besuch bemerkt hatte? Aber das war natürlich reine Spekulation, und schließlich hatte er die lachhafte Unterstellung, er sei sozusagen Befürworter von Handelskriegen, von einem Sprecher längst zurückweisen lassen.

Schon in einer ARD-Talkrunde mit Sandra Maischberger deutete ich die Möglichkeit an, dass der Rücktritt mit Horst Köhlers Unterschrift unter das Rettungspaket zusammenhing. »Vielleicht musste der Bundespräsident das unterschreiben«, sagte ich, »das wäre der einzig akzeptable Grund für einen Rücktritt«.

SpiegelOnline stützte meine Hypothese, indem es auf einige »Merkwürdigkeiten rund um Köhlers Rückkehr aus Afghanistan« hinwies, »die stutzig machen«: »Am 21. Mai, als Köhler noch in der Luft war, meldete die Nachrichtenagentur apn, Köhler habe das Gesetz bereits ausgefertigt und den Verkündungsauftrag für das Bundesgesetzblatt erteilt«, was tags darauf korrigiert wurde: »Köhler prüfe das Gesetz ‚doch noch'«, hieß es nun, und ein Sprecher des Bundespräsidialamtes betonte, die Bestätigung sei »versehentlich« verschickt worden.

Horst Köhler selbst hat den wahren Grund für seinen überraschenden und historisch einmaligen Rücktritt offengelassen, bis heute. Rückblickend halte ich es für nahezu ausgeschlossen, dass ihn die genannte Bundeswehrdebatte dazu veranlasst hat. Derlei ideologische Hypes kannte er zur Genüge, und es wird ihn kaum überrascht haben, dass ein Mann wie Trittin auch vor seinem Amt »mangelnden Respekt« zeigte.

Man wird die Wahrheit wohl nie herausfinden. Aber wenn ich mein Geld darauf verwetten müsste, was ihn zu seinem beispiellosen Schritt bewogen hat, würde ich auf jene Unterschrift setzen, zu der Angela Merkel ihn gezwungen hat. Denn der Rettungsschirm über rund 150 Milliarden Steuergeld, der an einem einzigen Tag von drei Verfassungsorganen – Bundestag, Bundesrat und Bundespräsident – durchgewinkt werden musste, hätte unter normalen Umständen die Zustimmung Horst Köhlers kaum gefunden, und schon gar nicht in diesem Hauruck-Verfahren.

Im Gegenteil, in seiner Amtszeit hat er sich betont viel Zeit genommen, um Gesetze akribisch zu prüfen, bevor er seine Unterschrift leistete. Manche Gesetze wie das über die Lufthoheit hat er sogar, obwohl schon vom Parlament beschlossen, ans Kanzleramt zurückgeschickt, andere, die nicht einmal von besonderem Gewicht waren, durch seine Juristen auf Herz und Nieren prüfen lassen. Bald hieß es, er sei pedantisch, und manche gaben sich genervt, weil er sich nie unter Zeitdruck setzen ließ. Dabei kann man, so meine ich, in Betreff der Verfassungsmäßigkeit neuer Gesetze gar nicht pedantisch genug sein.

Ich wage noch eine Wette: Es dürfte in Horst Köhlers fünfjähriger Amtszeit kein einziges Gesetz gegeben haben, das, nachdem es ihm druckfrisch aus dem Kanzleramt auf den Tisch gekommen ist, sofort unterzeichnet werden musste. Das gehörte sich einfach nicht.

Und hier kommt eine dritte Wette: Ich bin fest überzeugt, dass es weder unter den Ministern, die das Paket ausgehandelt, noch unter den Staatssekretären, die das Gesetz vorbereitet, noch unter den Juristen, die es geprüft haben, auch nur einen einzigen gab, der von der Materie so viel verstanden hätte wie Horst Köhler: Als Finanzstaatssekretär war er die rechte Hand von Theo Waigel gewesen und hatte, zusammen mit Hans Tietmeyer, die Maastricht-Verträge ausgehandelt und sie, mittels Konvergenzkriterien, aus deutscher Sicht wasserfest gemacht.

Durch die Unterschrift, zu der man ihn auch aus Staatsraison gezwungen haben könnte, wurde sein Vermächtnis, der stabile Euro, mit einem Federstrich ausgelöscht. Wie hatte Horst Köhler im April 1992 gesagt, nachdem er am glücklichen Festzurren der Stabilitätsverträge mitgewirkt hatte? »Es gibt eine No-Bail-out-Rule. Das heißt, wenn sich ein Land durch eigenes Verhalten hohe Defizite zulegt, dann ist weder die Gemeinschaft noch ein Mitgliedstaat verpflichtet, diesem Land zu helfen.« Und deshalb galt: »Es wird nicht so sein, dass der Süden bei den sogenannten reichen Ländern abkassiert. Dann nämlich würde Europa auseinanderfallen.«

Eben diese Möglichkeit war, durch seine Unterschrift besiegelt, nun eingetreten. Wäre ich an seiner Stelle gewesen, hätte ich auch den Hut genommen.

KAPITEL NEUN

Warum wir zwei Euros brauchen

Auf die Frage, worauf Frankreich eigentlich seinen Anspruch gründet, auf Deutschland immer wieder politischen Druck ausüben zu dürfen, gibt es mehrere Antworten. Sicher spielt hier eine Rolle, dass die »Grande Nation« von den beiden Partnern volkswirtschaftlich der kleinere ist. Im Vergleich stehen Frankreichs 65 Millionen Einwohnern 82 Millionen Deutsche gegenüber. Deutschlands Bruttoinlandsprodukt beträgt – laut IWF-Angaben für 2009 – 2,8 Billionen US-Dollar, das der Franzosen 2,1 Billionen US-Dollar.

Trotz dieser deutlichen demographischen wie wirtschaftlichen Überlegenheit, die die Deutschen nie ausgespielt haben – zu Recht, wie ich finde –, hat Paris seit der EU-Gründung einen teils offenen, teils verdeckten Anspruch erhoben, Einfluss auf die Deutschen zu nehmen. Ich habe bereits die Forderung Präsident Mitterrands erwähnt, der Einheit nur zuzustimmen, wenn Deutschland dafür die D-Mark opferte. Die geheimen Dokumente aus dem Auswärtigen Amt, die der *Spiegel* veröffentlicht hat, bestätigen nicht nur diese befremdliche Tatsache, sondern berichten sogar von einer Zusatzdrohung. »Unverblümt warnte Mitterrand damals die Bonner Regierung, sie könnte in Europa bald so isoliert dastehen wie 1913«, also vor Ausbruch des Ersten Weltkriegs. Wohl gemerkt, der Auslöser dieses kaum verhüllten Einschüchterungsversuchs waren der bevorstehende Mauerfall und die Erwartung, dass der unterdrückte Teil Deutschlands endlich freie Selbstbestimmung erhalten sollte – sowie Frankreichs Herzensanliegen, endlich die D-Mark loszuwerden. Der *Spiegel* nannte diese von Erfolg gekrönte Drohung »einen der größten Triumphe in Mitterrands Amtszeit«.

Wenn ich von derlei Einflussnahmen berichte, bin ich mir allerdings bewusst, dass die meisten Franzosen sich in diesem Bild gar nicht wiedererkennen würden. »Wir sollen Druck auf die Deutschen ausgeübt haben?«, würden sie teils belustigt, teils entrüstet fragen. Und es stimmt ja auch, dass dies nicht einer permanenten politischen Strategie entspricht, sondern eher dem Wunsch folgt, eine Gleichheit unter Partnern herzustellen, die es in Wirklichkeit nicht gibt, und ebenso der verständlichen Hoffnung, aus dem stärkeren Partner möglichst viel herauszuholen.

Noch mehr erstaunen würde sie mein Vorschlag, die französische Wirtschaft nicht den nördlichen Euro-Ländern, sondern den südlichen zuzuordnen. Wie bereits im Vorwort angesprochen, sehe ich als einzigen Weg einer Rettung des Euro dessen Aufteilung in zwei Zonen, deren eine von Deutschland und deren andere von Frankreich angeführt wird. Natürlich bleibt die Tatsache bestehen, dass Frankreich in den Jahren vor der Euro-Einführung gleichsam »deutsche« Haushaltsdisziplin an den Tag legte und eine niedrige Inflationsrate erreichte, die teilweise unter der unseren lag, womit das Land die typischen ökonomischen Schwächen, zu denen zentralistische Staaten neigen, weitgehend abgelegt hatte.

Doch das hatten Italien und Spanien auch, die vor der Jahrtausendwende eine enorme Reformbereitschaft zeigten. Dabei schienen sie von einem gesamteuropäischen Stabilitätsbewusstsein durchdrungen, das nicht zufällig den von Deutschland durchgesetzten Konvergenzkriterien entsprach. In Ländern, die traditionell vom sozialen Füllhorn geprägt waren, herrschte plötzlich der Rotstift. Als dann der Euro kam, hatte sich, neben Spanien und Italien, auch das früherere Weichwährungsland Frankreich in eine konkurrenzfähige Volkswirtschaft verwandelt, die im Gleichschritt mit ihrem deutschen Nachbarn ging. Endlich schien der Franc so fest wie die D-Mark. Ich erinnere mich noch, wie aus dem alten Franc durch Streichen der letzten beiden Nullen der neue, genannt *Nouveau Franc*, entstand, aus dem sich wiederum der harte Franc der Maastricht-Zeit entwickelte.

Nicht annähernd so fest war der Wille, diese Härte auch hinterher noch beizubehalten. Schon bald, nachdem Euroland entstanden war, schlug der Wind an der Seine um. Die französische Politik starrte nicht länger auf die Brüsseler Vorgaben, sondern auf die innenpolitischen Wünschbarkeiten. Eindeutig ließ sich damals registrieren, dass sich in fast allen Bereichen wieder die alten Gewohnheiten einstellten: Schuldenmachen wurde wieder zur Selbstverständlichkeit, die Inflation bedauerte man als Schönheitsfehler, und immer deutlicher ließ sich das Bestreben bemerken, eine europäische Wirtschaftsregierung einzuführen – auch während des Brüsseler Putsches hatte Sarkozy diese Idee immer in seinem Musterköfferchen dabei: sechzehn Euro-Länder, die alle von Paris aus koordiniert werden.

Hauptsächlich wegen dieses zentralistischen Denkens möchte ich die Franzosen der Südgruppe zuordnen. Zudem bleibt ihre Wirtschaft in betonter Distanz zum Wettbewerbsgedanken, wie er etwa unsere Unternehmen prägt. Während wir darin eine sportliche Herausforderung und die Chance sehen, durch Kräftemessen das Beste zu erreichen, empfinden französische Politiker einen Konkurrenten fast wie einen Eindringling ins eigene Terrain. Bei meiner langjährigen Tätigkeit in französischen Gremien wie etwa dem Aufsichtsrat der Telefongesellschaft Orange wurde mir immer wieder die Erfahrung bestätigt, dass man Konkurrenz nicht als etwas Positives, sondern als Belastung empfand. Viele französische Wirtschaftsführer sehen den Wettbewerb als etwas, das man hinnehmen muss, wie man schlechtes Wetter hinnimmt: Man weiß sich zwar zu schützen, aber schöner fände man es, wenn es gar nicht nötig wäre.

Mehr noch als die Wirtschaft neigt die französische Politik zu einer Philosophie, in der Partnerschaft nicht gegenseitigen Ansporn zur Leistungssteigerung bedeutet, sondern exakten Gleichschritt. Sehr entlarvend in dieser Hinsicht fand ich die Äußerungen der Wirtschafts- und Finanzministerin Christine Lagarde, die den Deutschen mehrfach vorwarf, sie exportierten einfach zu viel – als handle es sich dabei um eine Sünde oder zumindest eine grobe Unfreundlichkeit gegenüber einem lieben Partner, mit dem zusammen man durch die Weltgeschichte joggt. Die Franzosen haben nichts gegen einen Marathonlauf, aber sie würden gerne vorher festlegen, wann alle die Ziellinie zu passieren haben, und zwar gleichzeitig.

In Madame Lagardes Sprache heißt das, dass Frankreich und Deutschland eine »ausgeglichene Handelsbilanz« erreichen sollen – womit sie tatsächlich in einem perfekten Widerspruch zu uns steht: Für unsere Wirtschaft steht das Resultat am Ende, während sie mit dem Resultat beginnen möchte. Und dazu führt nur der Zentralismus, also die Planwirtschaft.

Schon in den 80er Jahren, als ich zum zweiten Mal in Paris lebte und für die IBM Verantwortung für die meisten europäischen Länder trug, ist mir aufgefallen, wieviele Unternehmen in Frankreich – im Gegensatz etwa zu den USA – verstaatlicht sind, was einem oft erst bei genauerem Hinsehen auffällt. Auch heute noch liegt die gesamte Stromversorgung einschließlich der vielen Atomkraftwerke in staatlicher Hand. Auch an der Air France, die fleißig mit der privaten Lufthansa konkurriert, ist der Staat beteiligt. Und bei den vielen Aufsichtsratstreffen von Orange, an denen ich teilgenommen habe, saß immer ein Vertreter der Regierung dabei und hörte aufmerksam zu – mir erschien er wie ein Trojanisches Pferd des französischen Finanzministeriums.

Schon aufgrund ihrer Ausrichtung auf die Metropole Paris ist Frankreichs Wirtschaft anders strukturiert. Das bedeutet nicht automatisch, dass dieses Konzept schlechter funktioniert, aber sehr wohl, dass es anders funkioniert als das unsere. Würden wir dieses zentralistische System übernehmen, käme es bei uns vermutlich zu einem deutlichen Leistungsabfall. Umgekehrt bin ich nicht sicher, ob sich unser Wettbewerbsmodell für die Franzosen überhaupt zur Nachahmung eignet. Das muss es auch nicht, und zumindest die Franzosen scheinen das genauso zu sehen. Mir fällt auf, dass Frankreich sich in den letzten zwanzig Jahren dem deutschen Erfolgsmodell keinen Schritt angenähert hat – zwar möchte man so effizient sein wie die Deutschen, aber möglichst nicht auf deutsche Weise. Auch wenn die Politiker sich noch so oft umarmten, blieben beide Modelle einander bis heute fremd. Aber laut äußern will das niemand.

Das heißt nicht, dass Paris mit seinem Zentralismus alleinstünde. Auch andere Euro-Länder denken vom Staat her und versuchen, ihre Wirtschaft nach Art der Madame Lagarde zu planen. Sie alle fühlen sich sicherer, wenn der Wettbewerb engen politischen Vorgaben folgt, womit der Zentralismus übrigens seine enge Verwandtschaft mit dem Sozialismus zeigt: Beide wollen verhindern, dass Individuen oder einzelne Unternehmen den vorgegebenen Rahmen sprengen und anders denken oder kostensparender produzieren, als es das Plansoll erfordert.

Als Athens Schulden-und-Lügen-Wirtschaft bekannt wurde, griffen auch die Griechen zum Lagardeschen Rezept und führten ihre Probleme darauf zurück, dass »die Deutschen zu viele Waren in das Land exportierten«. Mit anderen Worten, wir waren schuld daran, dass sie so viel von uns importiert haben. Dabei lag das Problem nicht darin, dass sie importiert haben, sondern dass sie das Geld, das dazu nötig war, gleich mit importiert haben. Der bis 2008 größte Nettoempfänger von EU-Beihilfen war Griechenland, erst 2009 wurde dieses kleine Land durch das viel größere Polen abgelöst.

Zu einer solchen Umdrehung von Schuld und Schulden neigen alle sozialistischen Welterklärungsmodelle. Auch deutsche Linke behaupten, ein Handelsbilanzüberschuss, wie ihn unsere Ökonomie erwirtschaftet, sei im Grunde von Übel, weil er auf Kosten jener gehe, die unsere Waren kaufen und konsumieren. Mit derselben Logik könnte man jedem Gemüsehändler auf dem Markt vorwerfen, er mache uns, die wir seine Waren kaufen, eben dadurch zu seinen Opfern, dass er so schöne Avocados und Auberginen in der Auslage hat.

Seltsamerweise ist noch niemand auf die Idee gekommen, den deutschen Handelsbilanzüberschuss zu relativieren. Die Handelsbilanz zeigt Waren physischer Art, das heißt Waren, die man anfassen kann: Autos, Maschinen oder Polymere. Es gibt aber immer mehr »unsichtbare« Waren, die man nicht anfassen kann: industrielle Dienstleistungen, Software, Einkommen aus Copyrights, Lizenzen und Patenten. Diese »Waren« sind genau so wichtig, tauchen aber nicht in der Handelsbilanz auf, genauso wenig wie das Defizit, welches die reiseverrückten deutschen Touristen jedes Jahr produzieren. Fasst man das alles zusammen, invisible und visible Leistungen, dann kommt man auf die wirklich relevante Bilanz: die Leistungsbilanz. Die deutsche Leistungsbilanz ist fast ausgeglichen; es gab sogar schon Zeiten, in denen sie negativ war. Warum niemand in der deutschen Regierung diese Zusammenhänge der französischen Wirtschafts- und Finanzministerin erklären kann, scheint mir ziemlich klar zu sein: Unsere Politiker begreifen sie selbst nicht.

Nun verstehe ich mich nicht als Missionar, der den »Südländern« unser Wettbewerbsmodell gleichsam von oben herab aufschwatzen möchte. Wenn sie sich, wie die Franzosen, mit einem zentralistischen System oder, wie die Italiener und Griechen, mit moderater Inflation wohlfühlen, dann sollen sie das. Sie können von mir aus auch eine zentrale Wirtschaftsregierung mit Sitz in Paris einführen, herzlich gerne. Aber sie mögen diejenigen Länder damit verschonen, die mit dem alternativen Kurs besser gefahren sind.

Leider steht zu befürchten, dass man auch die leistungsfähigen »Nordstaaten« einem gesamteuropäischen Wirtschaftsregime unterordnen will. Wenn erst die Wirtschaft zentralisiert ist, so meint man, gibt es keinen so brutalen Wettbewerb mehr, es wird gemütlicher, es fallen endlich die Anstrengungen weg, die man seinen Wählern so gern ersparen möchte: mehr Arbeit, weniger Freizeit, geringere Sozialleistungen, spätere Rente – das Wählergift wäre ein für alle Mal abgeschafft, und man müsste nicht länger fürchten, dass etwa ein Nachbarvolk diese Schwäche ausnutzt und einen ökonomisch in den Schatten stellt. Endlich würden alle gleich behandelt, und die französischen Revolutionsprinzipien »Freiheit, Gleichheit, Brüderlichkeit« europaweit in den Volkswirtschaften durchgesetzt.

Wer diesen Alptraum für eine Übertreibung hält, sehe sich Vorschläge von Jean-Claude Juncker an, immerhin Vorsitzender der Euro-Gruppe. Er will eine Euro-Anleihe, die einen europäischen Durchschnittszins tragen soll – viel niedriger als der, der heute von Griechenland, Irland, Spanien und Italien bezahlt werden muss, aber viel höher als der, der heute in

Deutschland berechnet wird. Oder man erinnere sich an die Vorschläge von José Manuel Barroso, der sich immer wieder für eine eigene Steuerhoheit Brüssels ausspricht. Alles soll in einem Topf gesammelt und von einer Hand gleichmäßig oder, noch besser, »sozial gerecht« verteilt werden. Liest man in der Presse darüber, so findet sich nicht nur bei den deutschen Abgeordneten im Europaparlament viel Verständnis für dieses Vorhaben. Auch wenn es noch so vernünftig scheint, alles in einer Hand zu halten – es wäre der sichere Weg, auf dem Europa zum Verlierer des globalen Wettbewerbs würde.

Ich habe lange genug in Frankreich gelebt, um die ambivalenten Gefühle zu kennen, die man dort gegenüber dem größeren Nachbarn hegt. Und ich kenne auch die Rezepte, mit denen man den schmerzlichen Größenunterschied zum Verschwinden bringen und in einem gesamteuropäischen Konzept aufgehen lassen will. Zu diesen probaten Mitteln gehört neben der Einführung des Euro auch die alte Idee einer zentralen Wirtschaftsregierung, die stark genug ist, das Reform- und Innovationstempo der deutschen Industrie dem langsameren französischen und südeuropäischen Niveau anzupassen.

Mit anderen Worten: Statt dass sich der Schwächere wie im Sport durch Disziplin und Einfallsreichtum der Leistung des Stärkeren annähert, ja diesen im Idealfall sogar als Vorbild betrachtet, flüstert hier der Langsamere dem Schnelleren zu, er möge sich, möglichst unauffällig, seinem Tempo anpassen, um die hässliche Ungleichheit aus der Welt zu schaffen. Dass auf diese Weise beide im Marathonlauf gegen die Chinesen, Amerikaner und Inder unterliegen werden, liegt auf der Hand. Und genauso wird es mit einer deutsch-französischen Allianz gehen, bei der der Langsamere führt: Der Wettbewerb mit den großen Industrienationen geht verloren, und für Europa bleibt nur noch ein Platz auf den Zuschauerrängen. Dabei gilt auch in der Politik, dass der Wettbewerb zwischen kleineren Einheiten immer zu einem stärkeren Ganzen führt.

Nicht zufällig wurde die gehypte Griechenlandkrise von Paris benutzt, um die europäische Wirtschaftsregierung in den Köpfen der Menschen weiter zu verankern: Man wiederholt etwas so lange, bis jeder es glaubt, bis jeder es fordert. Dahinter steckt aber nicht nur, wie Wirtschaftsminister Rainer Brüderle meinte, der Wunsch nach »Zentralisierung von Entscheidungen« samt »Detailsteuerung«, die auf eine »*One-size-fits-all*-Politik« hinausläuft. Auf dem Spiel stehen die Erfolgsprinzipien von nationaler Souveränität, Eigenverantwortung und Subsidiarität.

Von Anfang an gehörte die Subsidiarität, bei der die Verantwortung »an der Basis«, also in den Kommunen und Ländern liegt, zu den Grundprinzipien der EU. Deren Staats- und Regierungschefs, aber auch die Kommission und das Parlament wurden nicht müde, diese unantastbar geglaubte Grundlage der europäischen Einigung zu betonen. Seltsamerweise hat sich dies mit der Griechenlandkrise geändert. Das Wort taucht einfach nicht mehr auf; stattdessen hört man nur noch Schlagworte wie europäische Solidarität, zentrale Koordination und gemeinsame Wirtschaftsregierung.

Ein solches Konstrukt, auf das nur der Begriff Planwirtschaft passt, würde verheerenden Einfluss auf die deutschen Wirtschafts- und Finanzstrukturen nehmen. Nehmen wir die EZB, deren Unabhängigkeit aufgrund der massiven, gegen ihr bisheriges Selbstverständnis verstoßenden Aufkäufe von Schrottpapieren aus den südlichen Ländern bereits schwer gelitten hat: Eine Wirtschaftszentrale würde sich natürlich massiv in die Entscheidungen der Bank einmischen, und Axel Weber, endlich ans Ziel seiner Träume gelangt, wäre nicht mehr als ein Befehlsempfänger. Die Europäische Kommission müsste nur noch darüber wachen, dass in der dann etablierten Transferunion die Ausgleichszahlungen entsprechend zur Verteilung kommen.

Wovon viele Europäer heute schon träumen, wäre dann Wirklichkeit: Wirtschaftliche Schwäche würde belohnt, Stärke dagegen bestraft. Unsere Konkurrenten im globalen Wirtschaftskampf – denn ein Kampf ist es, auch wenn man sich in Brüssel darüber Illusionen hingibt – würden sich die Hände reiben. Vermutlich sind sie schon dabei: Denn Europas einst hoch geachtete Wirtschaftsgemeinschaft wird nicht mehr ernst genommen, was auch nicht verwunderlich ist, da sie die eigenen Regeln nicht mehr ernst nimmt.

Momentan melden sich viele Wirtschaftsfachleute zu Wort, die betonen, dass man zwar keine zentrale Wirtschaftsregierung, sehr wohl aber neue Regeln brauche. Wohlgemerkt, hier ist nicht von neuen Regeln für die Finanzbranche die Rede, die dringend gebraucht werden, um eine neue Bankenkrise zu verhindern, sondern von solchen, die für Finanzpolitiker gelten. Dem stimme ich zu, wenn auch mit Skepsis. Tatsächlich liegt seit Herbst 2010 eine ganze Reihe neuer Verhaltensregularien auf dem Tisch, die alle in dem Punkt übereinstimmen, dass Regelverstöße in Zukunft härter bestraft werden müssen – beziehungsweise überhaupt bestraft werden müssen, denn aus »Solidarität« hat man ja bisher davon abgesehen. Brüssel drohte zwar immer mal wieder mit Sanktionen, verwirklichte sie aber nie; früher nannte man so etwas einen Papiertiger.

Fast rührend erschien mir der Versuch der Deutschen, über die Verschärfungen des Stabilitätspaktes hinaus eine zusätzliche Abstrafung durch Stimmrechtsentzug für Defizitsünder einzuführen. Das kam nun, nachdem man bereits über den Tisch gezogen war, reichlich spät. »Nachkarten gilt nicht«, sagt der Volksmund, und so erging es auch den zu spät erwach.en

Stabilitätshütern um Wolfgang Schäuble. Gleich meldete sich der österreichische Finanzminister Josef Pröll zu Wort und klärte die Deutschen darüber auf, dass es für derlei Wünsche »realpolitisch keine Umsetzungsmöglichkeiten« gäbe.

Überhaupt muss man sich über die Naivität der deutschen Regierung wundern, die doch wissen musste, dass eine solche Änderung des Lissabon-Vertrags in allen 27 Ländern umfangreiche Gesetzgebungsprozesse, einige begleitet von Volksbefragungen, erfordern würde. Offenbar will man in Berlin nicht wahrhaben, dass die Partie, die man so gerne »herumdrehen« würde, längst gelaufen ist. Und dass wir, wieder einmal – und wieder einmal durch eigene Schuld –, die Verlierer sind.

Da die von den Deutschen erträumten Strafaktionen also nicht durchsetzbar sind, schlägt EU-Präsident Herman Van Rompuy vor, dass im Falle einer nochmaligen Verletzung der Konvergenzkriterien das Äquivalent von 0,2 Prozent des Bruttoinlandsprodukts des jeweiligen »Sünders« nach Brüssel überwiesen werden muss. Er möchte, dass diese Maßnahme automatisch und ohne politischen Einfluss zwingend zu erfolgen hat. Nun, es wundert niemanden, dass die französische Wirtschafts- und Finanzministerin sich diesem Plan entgegenstellt. Ihre verblüffend ehrliche und entlarvende Begründung dafür lautet: »Man kann das doch nicht Experten überlassen«! Ja, wem denn sonst? Doch wieder den Politikern? Das hatten wir schon einmal mit dem bekannten Ergebnis.

Nicht überraschend kam es denn auch, dass sich Sarkozy und Merkel am 19. Oktober 2010 in Deauville einigten, auf eine automatische Bestrafung von Defizitsündern zu verzichten; vielmehr solle der Europäische Rat, in dem bekanntlich lauter potenzielle Defizitsünder sitzen, mit Mehrheit darüber entscheiden. Um Sarkozys neuerlichen Triumph über deutsche Interessen zu vervollständigen, stimmte die Kanzlerin im gleichen Atemzug zu, den 2013 auslaufenden Rettungsschirm, dieses Damoklesschwert für den deutschen Steuerzahler, in einen »dauerhaften Mechanismus« umzuwandeln.

Mit Sicherheit führt all das auch wieder zu neuen Jobs für abgehalfterte, ausrangierte oder zwischengeparkte Landespolitiker. Schon bei den Entscheidungen zur Vermeidung einer neuen Bankenkrise war das so. Laut Gemeinschaftsbeschluss sollen ab 2011 die guten Vorsätze durch drei neue Behörden durchgesetzt werden, denen die Aufsicht über den europäischen Finanzmarkt obliegt: In Paris wird die Bankenbehörde (EBA) sitzen, in London die Aufsicht über die Börsen (ESMA), und die Versicherungskontrolle kommt nach Frankfurt (EIOPA). Schöne neue Bürokratenwelt!

Das klingt gut, beruhigt die »erregten Gemüter« – und zeigt doch einen entscheidenden Webfehler: Wenn Brüssel nicht weiter wusste, schuf es jedesmal eine neue Behörde, also neue Planstellen, neue Einflussmöglichkeiten, erweiterte Machtbefugnisse. Und auch an Vorgaben hat es bislang, weiß Gott, nicht gefehlt. Brüssel erstickte Europa in einem Regeldickicht, das wucherte wie die Hecke um das Dornröschenschloss. Wer die Disziplin besaß, hielt sich an dieses Vorgabengewirr; wer keine Lust hatte, durchhieb es mit dem Schwert nationaler Interessen. Der Gehorsame – und jeder weiß, an wen ich hier denke – war immer der Dumme; und Vorteile schuf sich der Schlaue, der einfach die Regeln brach, wenn es ihm zupasskam.

Warum nun ausgerechnet die neuen Regeln befolgt werden sollten, erschließt sich mir nicht. Vor allem: Warum sollten die Politiker in Zukunft über höhere Hürden springen, wenn sie nicht einmal fähig oder bereit waren, die niedrigeren zu nehmen? Was soll ein Vorschlag, im Falle einer Verletzung der Konvergenzkriterien die Strafzahlungen zu erhöhen, wenn man die niedrigeren schon nicht eintreiben konnte? Irgendwann sind die Hürden hoch genug angesetzt, um bequem unter ihnen durchlaufen zu können.

Wenn ich also, wie bereits angesprochen, eine Aufteilung des Euro fordere, die den wirtschaftlichen Gegebenheiten der teilnehmenden Länder entspricht, dann wird dies natürlich zuerst bedeuten, dass der erzwungene Gleichschritt zwischen Deutschland, Frankreich und den südeuropäischen Ländern ein Ende findet. Die Vorstellung, dass daraus neuer Hader und aus diesem neuer Krieg entstehen könnte, ist absurd. Als man noch mit D-Mark und Franc bezahlte, hat es auch keinen Krieg gegeben, und zudem würde die wirtschaftliche Zusammenarbeit durch die Währungstrennung nicht angetastet – man bliebe ja Mitglied derselben Europäischen Union und hochgeschätzter Handelspartner sowieso.

Überhaupt, warum sollte man nicht freundschaftlich verbunden bleiben, wenn sich die Volkswirtschaften in unterschiedlichem Tempo entwickeln, unterschiedlichen Prinzipien folgen und mit unterschiedlichem Geld bezahlen? Wohl gemerkt: Die Unterschiede waren ja immer da, man hat sie nur übertüncht, totgeschwiegen und jeden Dissens schnellstmöglich unter den Teppich gekehrt. Dass sich dies weiterhin zugunsten der Franzosen und zum Nachteil der Deutschen entwickeln wird, ist nicht einmal der Hauptgrund für meine Forderung: Sie folgt nur der unzweifelhaften Diagnose, dass die erzwungene Allianz für alle Europäer Nachteile bringt.

Die deutsch-französische Achse hat erstens diejenigen Europäer, die nicht das Glück hatten, dazuzugehören, zu Außenseitern gestempelt. Es fanden sich denn auch keine anderen Länder, die sich durch derartige Blockbildung ausgezeichnet hätten – mit Ausnahme der Franzosen selbst, denen die Einbindung der Deutschen in ihren Einflussbereich nicht genügte, weshalb sie eine Mittelmeerunion, scherzhaft »Club Med« genannt, gründeten, um auch andere Anrainer des mediterranen Raums wirtschaftlich an das Pariser Machtzentrum anzubinden.

Der zweite Grund, warum Europa unter dieser Zweierallianz litt, war nicht etwa deren Stärke, sondern deren Schwäche. Oft genug hat das stärkere Deutschland dem französischen Herzensfreund den Vortritt gelassen und sich seinen politischen Wünschen angepasst. In offener Komplizenschaft hat man die Konvergenzkriterien gebrochen, was alten französischen Forderungen entsprach, den deutschen aber widersprach. Und man hat im Brüsseler Mai 2010, wie beschrieben, dem Euro die deutschen Sicherheitsgurte weggenommen, und die Deutschen haben dabei auch noch mitgeholfen. Diese Asymmetrie schadet der Gemeinschaft weit mehr, als sie ihr nutzt. Und oft genug wurde in der Vergangenheit bemerkt, dass die beiden vereinten Großen den einzelnen Kleinen ihren Willen oktroyierten, wobei meist übersehen wurde, dass zuvor Paris die Deutschen zu seinen Vorstellungen, sagen wir, überredet hatte.

Dasselbe Problem, das sich für Europa durch die vertuschte Diskrepanz zwischen Deutschland und Frankreich ergab, stellte sich infolge des ebenso verdrängten Leistungsunterschieds zwischen nördlichen und südlichen Mitgliedern: Sie dürfen ihren EZB-Kredit überziehen, Kapital aus Partnerländern abwerben und ihre ungehemmte Inflationspolitik fortsetzen, während die nördlichen Überschussländer nicht einmal ihre selbst verdienten Leistungsbilanzüberschüsse für eigene Zwecke einsetzen können. Deshalb forderte der eurokritische Betriebswirtschaftler Max Otte im April 2010 im *Manager Magazin*: »Die Südländer müssen raus aus der Währungsunion.«

Oder aber, und das eben ist mein Vorschlag, sie müssten eine eigene Gruppe innerhalb der Währungsunion bilden – aus einem Euro im zentralistischen Zwangskorsett würden dann zwei flexible Euros. Nach meiner Vorstellung eines zukünftigen

Europas entstünden also zwei Euro-Gruppen, die der tatsächlichen Wirtschaftskraft und auch Mentalität ihrer Mitglieder entsprächen: Eine nördliche Euro-Gruppe, die von Deutschland angeführt wird und zu der Länder wie die Benelux-Staaten, Österreich, Finnland und irgendwann auch Schweden, Dänemark und Tschechien gehören; und eine südliche Euro-Gruppe, die sich aus den »Olivenländern« unter Frankreichs Führung zusammensetzt und Spanien, Italien, Griechenland, Portugal usw. vereinigt. Als Namen für die Währung könnte ich mir »Nord-Euro« und »Süd-Euro« vorstellen oder »Euro-Mark« und »Euro-Franc« – der Fantasie sind hier keine Grenzen gesetzt, und wer mir seine Ideen per E-Mail zusenden möchte, ist herzlich dazu eingeladen.

Die Aufspaltung, ich betone das ausdrücklich, bringt Vorteile für beide Seiten. Vor allem werden die südlichen Länder wieder in die Lage versetzt, Inflation in Kauf zu nehmen, um die eigene Wirtschaft am Laufen zu halten. Genau das nämlich wird durch die strengen Auflagen verhindert, die Brüssel im Zusammenhang mit dem griechischen Rettungspaket eingeführt hat. Athen wird, und da stimme ich Josef Ackermann zu, niemals die Summen zurückzahlen können, die Brüssel ihm zugeschoben hat. Das gewaltige Rettungspaket hat Griechenlands Wirtschaft buchstäblich erschlagen. Die Restriktionen würgen die dortige Wirtschaft brutal ab. Eine zeitweilige Rezession würde man durchaus akzeptieren können, wenn man wüsste, dass es nach ein oder zwei Jahren wieder aufwärtsginge.

Das glaube ich aber nicht. Stattdessen werden wir in Griechenland eine lang anhaltende Rezession erleben und genauso in allen Ländern, die nun kurzfristig auf die strengen Brüsseler Sparkriterien festgelegt worden sind. Was man in Griechenland schon beobachten kann – die Firmenschließungen nehmen zu, die Arbeitslosenrate steigt, die Reichen flüchten sich in andere Länder und die Armen wissen, dass sie noch ärmer werden –, wird auch in anderen Ländern der Euro-Zone eintreten. Die Prognosen für Italien, Spanien, Portugal weisen alle in eine Richtung: nach unten. Oder glaubt jemand ernsthaft, dass die Regierungen dieser Länder plötzlich, über Nacht, so haushalten können wie Deutschland oder Österreich? Statt einer rigorosen Disziplinierung durch Brüssel wäre eine Abwertung ihrer Währung viel besser gewesen – das aber würde einen eigenen Euro-Bereich voraussetzen.

Dieser neue Bereich böte zudem seinen Mitgliedern den Vorteil, sich über Inflation und Wachstum ihrer Haushaltssanierung widmen zu können. Natürlich würde der Süd-Euro gegenüber seinem »Bruder« schwächer notieren, aber diese Schwäche würde sich realiter als Stärke für die betreffenden Länder erweisen, die endlich wieder ordentlich exportieren könnten, weil sie konkurrenzfähige Preise anbieten würden.

Praktisch dürfte diese Aufteilung weit leichter fallen, als es in den 90er Jahren die Zusammenfassung von sechzehn Währungen in dem einen Euro gewesen ist. Das Szenario könnte so aussehen: Ab dem Tag X gibt es neben dem alten Euro einen neuen, der zum gleichen Umrechnungskurs eingeführt wird – man muss also nicht wie bei der D-Mark-Umstellung die Mieten, Gehälter, Bankkonten und Preise für Waren und Dienstleistungen umstellen. Dass die beiden Euros schnell unterschiedliche Wechselkurse aufweisen werden, ist unvermeidlich – und durchaus gewollt.

Auch das derzeitige Eurogeld kann erhalten bleiben. Wenn es so käme, wie ich mir vorstelle, würden die Südländer den bisherigen Euro beibehalten, während die Nordländer den Nord-Euro bekämen, der dann entsprechend anders aussehen könnte, vielleicht sogar etwas ansprechender als der alte. Würden dagegen die Südländer aussteigen, wie Sarkozy das in Brüssel angedroht hat, ginge es umgekehrt: Dann behielten Deutschland, Benelux und Österreich die alte Währung und die Südländer könnten sich neue Scheine drucken und Münzen prägen, vielleicht mit dem klassischen Symbol des Olivenzweigs.

Zum Glück verfügen wir mit EZB und Bundesbank samt Landesbank-Filialen über logistische Apparate, für die eine solche Um- und Neuordnung samt neuem Geld eine lösbare Aufgabe darstellen würde. Ich erinnere nur an die reibungslose Einführung der D-Mark in den neuen Bundesländern und den Umtausch von sechzehn verschiedenen Währungen in den Einheits-Euro. Im Zuge der Währungsaufteilung böte es sich an, neben der Nord-EZB in Frankfurt eine Süd-EZB in Paris zu etablieren, was dem dortigen Führungsanspruch entgegenkäme.

Apropos französisches Selbstwertgefühl: In Hans Tietmeyers Erinnerungen fand ich die Schilderung eines interessanten Vorfalls aus dem Jahr 1993, aus dem sich ableiten lässt, dass mein Vorschlag dem europäischen Denken durchaus nicht fremd ist. Chiracs Premierminister Edouard Balladur hatte damals von der deutschen Bundesbank gefordert, den französischen Franc in ihre Währungsreserven aufzunehmen, um »die Stärke dieser Währung auch nach außen hin zu demonstrieren. Nachdem ich deutlich gemacht hatte«, so Tietmeyer, »dass eine solche Privilegierung einer europäischen Währung gegen das Prinzip der Gleichbehandlung verstoße«, war die französische Antwort: »Dann bleibe nur noch der Weg eines zeitweiligen Ausscheidens der D-Mark und eventuell auch des holländischen Guldens aus dem Wechselkursmechanismus übrig.«

Laut dem damaligen Bundesbankpräsidenten hätte dies nichts anderes bedeutet, als dass es zu einer Aufspaltung des europäischen Währungssystems gekommen wäre, dessen Festschreibung im Euro man längst ins Auge gefasst hatte. Als die Beneluxländer und Dänemark sich gegen den französischen Vorschlag aussprachen, drohte nicht nur ein »vorübergehendes Ausscheiden der D-Mark aus dem Wechselkursmechanismus des Europäischen Währungssystems«, sondern die Entstehung von »de facto zwei Wechselkursverbünden«: Es hätte fortan den »bisherigen mit dem französischen Franc als Referenzwährung sowie einen neuen Verbund um die D-Mark herum« gegeben, »wobei noch unklar war, welche sonstigen Währungen neben den Benelux-Währungen und der Dänen-Krone sich diesem D-Mark-Verbund« angeschlossen hätten. Einig war man sich »über die voraussichtliche Bewertung dieser beiden Wechselkursverbünde durch die internationalen Märkte«: Der »D-Mark-Verbund würde sich als stärker erweisen«. Tietmeyer zeigt uns heute, wie zutreffend doch die alte Lebensweisheit ist: »Es war alles schon einmal da.«

Wenn ich heute für eben diese Aufteilung plädiere, dann nicht, um Deutschlands Licht, in Abwandlung des Bibelworts, »über den Scheffel« zu stellen, sondern um Europa zu der wirtschaftlichen Kraft zu verhelfen, die durch den Einheits-Euro gelähmt wird. Die dafür mitverantwortlichen Temperamentsunterschiede hat der niederländische Schriftsteller Leon de Winter im Brüsseler Mai zusammengefasst: »Dem Norden Europas«, so schrieb er in einem *Spiegel*-Essay, »wo härter gearbeitet wird, mehr gespart wird, Tannen wachsen und es öder ist und die Bürger im Allgemeinen ein von Verantwortung geprägtes Verhältnis zum Staat haben, steht der Süden gegenüber, wo man Siesta hält, sich erst nach zehn Uhr abends zum Essen setzt, Stiere durch die Straßen getrieben werden und es ein Volkssport ist, die Behörden übers Ohr zu hauen.« Seine Aufzählung mündet in der resignierten Feststellung: »Uns Nordlichtern wird nun dank der Regeln, die die Eliten aufgestellt

haben, die Schuldenlast der Südländer aufgebürdet.« Warum
das überhaupt geschieht, bleibt dem Mann aus Amsterdam ein
Rätsel. »Mir ist nie klar, was Menschen damit sagen wollen,
dass sie sich als Europäer bezeichnen. Für mich ist und bleibt
Europa ein geografischer Begriff.«

Dass es Probleme bereiten würde, Nordlichter und Südländer
zusammenzuspannen, um einen gemeinsamen Wagen namens
Europa zu ziehen, das hätten sich die ehrgeizigen Gründungs-
väter der EU denken können. Aber sie wollten es nicht wahrhaben, denn der Traum von der »europäischen Familie« war einfach zu verführerisch. Die heutigen Probleme, so schrieb die
Süddeutsche Zeitung im Juni 2010, »reichen bis in die Geburts-
stunden des Euro zurück. Schon damals haben Ökonomen vor
den Konstruktionsfehlern des Euro gewarnt«. Als beispielhaft
für die damaligen Euro-Skeptiker zitierte das Blatt den Wirt-
schaftsnobelpreisträger Milton Friedman, der damals meinte,
für ein derart heterogenes Wirtschaftsgebiet sei eine gemeinsame Währung unmöglich. »Euroland«, so prophezeite er, »bricht
in fünf bis fünfzehn Jahren auseinander«.

Zwei Monate vor seiner Entlassung war der damalige Bundesbanker Thilo Sarrazin gefragt worden, wie es angesichts der
massiven Stützungsmaßnahmen mit dem Euro weitergehen
solle. »Eine Währungsunion«, so antwortete Sarrazin der *Süddeutschen*, »sollte auf mindestens hundert Jahre angelegt sein,
doch Europa hat schon in zehn Jahren so gewaltige Spannun-
gen aufgebaut, dass sich alle fragen: wie soll es weitergehen?«
Als die *FAZ* von ihm wissen wollte, ob der Euro möglicherweise »ein Fehler« gewesen sei, antwortete er: »Hätten Sie mich
1998 gefragt, hätte ich nein gesagt.« Schade, dass dieser Mann
nicht mehr im Vorstand der Bundesbank sitzt …

Mir ist es damals genauso ergangen, und ich gebe das auch
gern zu. Vielleicht war das die größte professionelle Fehlein-

schätzung meines Lebens. Der Euro schien mir gerade deshalb so vertrauenswürdig, weil er durch einen klaren Gesetzesrahmen stabilisiert und abgesichert worden war. Hätte ich 1998 geahnt, dass schon bald darauf Gerhard Schröder und Jacques Chirac und später Angela Merkel und Nicolas Sarkozy die Maastricht-Verträge zu Makulatur erklären würden, hätte ich mich niemals für die Gemeinschaftswährung engagiert. Meine Begeisterung damals war ebenso echt, wie es heute meine Ablehnung ist. Doch nicht ich bin »vom Saulus zum Paulus« geworden, wie Euro-Skeptiker Wilhelm Hankel meinte – es ist Europa, das sich verändert hat, und leider nicht zum Guten.

Der Hauptgrund für den Zerfall der Vertragsmoral, auf den der Zerfall des Euro folgen wird, liegt in der Inkompatibilität der verschiedenen Wirtschaftssysteme und -temperamente. Im August 2010 kamen die Schweizer UBS und das Londoner Beratungsinstitut Capital Economics gleichzeitig zu dem Ergebnis, dass es für Europa das Beste wäre, wenn sich der Euro-Verbund auflöste. Während die Londoner in ihrem Gutachten *Warum die Eurozone aufbrechen muss* die Überzeugung ausdrückten, dass nur durch eine solche Radikalkur »die Tür zu neuem Wirtschaftswachstum geöffnet« würde, meinte die Schweizer Bank in ihrer Studie *Die Zukunft des Euro*, es sei für das Überleben des Euro unvermeidlich, dass einige Länder aus der Gemeinschaft auscheiden müssen. »Paradoxerweise«, so das Fazit, »scheint es aus wirtschaftlichen Gründen am vernünftigsten, dass Deutschland ausscheidet«.

Nun, man muss nicht gleich das Kind mit dem Bade ausschütten. Eine Aufteilung des Euro, wie ich sie vorschlage, hätte wohl die gleiche Wirkung. Warum diese noch nicht auf der Tagesordnung steht, lässt sich kaum verstehen, denn eine Einheit lässt sich offensichtlich nur dann bilden, wenn die Partner entweder dieselben Eigenschaften mitbringen oder denselben guten Willen. Es ist doch leicht einzusehen, dass die Zusammenlegung von, sagen wir, Leistungssportlern und Fußkranken zu keinem dauerhaft positiven Ergebnis führen kann – die Lahmen werden nicht schneller, aber die Schnellen dafür langsamer.

Um einen Vergleich aus dem Sport heranzuziehen: Ein Boot mit ein paar guten Ruderern und einer Mehrzahl von schlechten wird weitaus schlechter abschneiden, als wenn man die unterschiedlichen Talente auf zwei Boote verteilt. Denn eine solche Neuordnung hat zwangsläufig zur Folge, dass das schnelle Boot das langsamere zur Verbesserung der eigenen Leistung anspornt, ja förmlich »mitzieht«. Nur so entsteht die sportliche Wettbewerbssituation, in der jeder über sich hinauswachsen kann, und nicht nur der Starke. Wenn dagegen Stark und Schwach in einem Boot zusammenhocken, wird der Schwache entmutigt und der Starke durch die Aussicht gelähmt, für den Schwachen mitrudern zu müssen und dadurch unnötig an Geschwindigkeit zu verlieren.

Die Situation in der heutigen EU lässt sich in der Tat mit einem disparat besetzten Boot vergleichen. 27 Länder sitzen an den Rudern, aber sie tragen unterschiedlich viel zur Fortbewegung bei. Und nicht nur die hängenden Riemen bremsen die Fahrt, sondern auch jene, die nur so tun, als mühten sie sich, während sie die Kraft der anderen ausbeuten. Im selben Augenblick, wo dieser Trittbrettfahrer-Effekt wegfällt, wird der Faule gezwungen sein, selbst in die Riemen zu greifen; und da sein eigenes Wohlergehen auf dem Spiel steht, wird er mit allen Mitteln versuchen, zu dem erfolgreicheren Boot aufzuschließen.

Für die Fahrt wirkt sich ebenfalls hinderlich aus, dass wir in der EU neben dem Euro elf weitere Währungen haben, man könnte auch sagen: mitschleppen. Allein damit lässt sich das

Argument entkräften, durch die beiden Euros entstünde ein Währungsdurcheinander. Denn diesen Wirrwarr gibt es heute schon, da der innereuropäische Handel nach wie vor in britische Pfund und ungarische Forint, in polnische Zloty und bulgarische Lewa umrechnen muss. Durch eine Aufteilung des Euro in zwei Boote oder Geleitzüge würde diese Zahl auf zwölf erhöht, und das ergäbe kaum einen Unterschied.

Vermutlich würde sogar der umgekehrte Fall eintreten, und die Zahl der in Europa kursierenden Währungen würde sich nicht vergrößern, sondern verkleinern. Denn sobald es einen Euro gäbe, dessen Härte durch die nördlichen Wirtschaftssysteme gesichert wäre, gäbe es für Großbritannien weniger Gründe, draußen zu bleiben. Umgekehrt gilt das Gleiche: Wenn statt des einen harten Euro auch ein zweiter existierte, der nicht mehr so hart, dafür aber flexibler wäre, würden sich sogleich eine ganze Reihe der »schwächeren« Kandidaten in Südosteuropa um Mitgliedschaft bewerben, mit guter Aussicht auf Erfolg. Oder ließe sich die Integration Rumäniens in eine Gemeinschaft mit Portugal und Ungarn nicht leichter realisieren als mit dem hoch entwickelten Industriestaat Deutschland? Überhaupt, welche ideologische Verblendung Brüssels, die Gleichheit erzwingen zu wollen, wo sie sich von selbst niemals ergeben wird!

Auch die Gefahr der Transferunion wäre damit weitestgehend gebannt. Ein Nord-Geleitzug könnte ohne die vielen mitgeschleppten Beiboote schnell an Fahrt aufnehmen, wie auch das südliche Pendant eine Währungspolitik fände, die der Mentalität und den Gesellschaftssystemen ihrer Mitglieder mehr entspräche. Wenn nötig, könnten sie, um wettbewerbsfähig zu bleiben, den Süd-Euro jederzeit abwerten. Durch heute nicht mögliche *competitive devaluations* würden sich ihre Handelschancen auf den globalen Märkten wieder erhöhen. Denn, wie gesagt, für die weniger produktiven Länder bildet der hohe Euro-Kurs ein oft unüberwindliches Handelshindernis – eine abgewertete Währung aber böte ihnen steigende Exportchancen. Mit zwei Währungen würden gerade die Wachstumserwartungen der südlichen Länder erhöht.

Um mit aller Gewalt im Euro-Verbund bleiben zu können, unterzieht sich Griechenland heute einer Rosskur, die das Wachstum im Lande abgewürgt und damit zu steigender Arbeitslosigkeit und sozialen Unruhen geführt hat. Wie soll, bei einer solchen Wachstumspolitik, der griechische Staat sich jemals wieder in die Lage versetzt sehen, seine weiterhin steigenden Schulden zurückzahlen zu können? Eine Staatsinsolvenz, verbunden mit einem *haircut*, einem Beitrag der Gläubiger Griechenlands, ist nach meiner Überzeugung sowieso nicht zu umgehen. Die dann erfolgende Einführung einer weicheren Währung liegt auch im Interesse der südlichen Länder Europas. Sie können einem Wirtschaftsmodell folgen, welches ihnen eine faire Chance für Wachstum, Exporte und damit neue Arbeitsplätze gibt.

Womit wir beim entscheidenden Argument angekommen wären, das für die beiden Euros spricht: Europa befindet sich im Wettbewerb mit aufstrebenden Schwellenländern, die, wie China oder Indien, in Wahrheit die »Schwelle« zur Wirtschaftsgroßmacht längst überschritten haben, auch wenn sie dies, wegen ihrer künstlich schwachen Währung, nicht so gern zugeben. Im Vergleich zu diesen großen Gernekleins erscheint die EU immer mehr wie ein kleiner Gernegroß, der sich über den Verlust internationaler Marktanteile hinwegtäuscht, indem er auf den florierenden Binnenmarkt verweist. Aber auch der leidet unter dem einen Euro, und er wird noch mehr leiden, wenn die Geldmassen des Rettungsschirms abgerufen werden und das große Zittern um die Euro-Stabilität beginnt.

Mit der viel beschworenen europäischen Einheit, die als Hauptargument gegen eine Euro-Spaltung angeführt wird, ist es in Wahrheit auch nicht so weit her. Es gibt ja in der Gemeinschaft nicht nur ein Nord-Süd-Gefälle, das – zugespitzt formuliert – darin besteht, dass jene im Süden gern bekommen möchten, was die im Norden haben. Es besteht auch ein West-Ost-Gefälle, bei dem jene im Osten gerade nicht bekommen wollen, was jene im Westen über den grünen Klee loben: die europäische Einheit *à tout prix*. In Westeuropa, also den alten EU-Staaten, nördlichen wie südlichen, herrscht vor allem der Wille zur Integration und Zentralisation, der leichtfertig Solidarität über Souveränität stellt.

Der Osten Europas denkt anders. Ob Polen oder Tschechien, die Slowakei oder Ungarn, Rumänien oder Bulgarien – sie alle hatten seit 1945 unter einer Staatengemeinschaft gelitten, die sie zu Knechten der sowjetischen Zentralmacht degradierte. »Unser Brüssel war Moskau«, sagen sie. Und deshalb wollen sie die kostbare Unabhängigkeit, die sie durch Gorbatschow bekommen haben, nicht schon wieder aufs Spiel setzen. Endlich dürfen sie ihres »eigenen Glückes Schmied« sein. Wer kann es ihnen verdenken, dass sie nicht schon wieder wegen jeder Kleinigkeit vor eine fremde Schmiede laufen wollen?

Kaum einer hat diese Unterschiede bisher bemerken wollen, obwohl sie bereits unübersehbar geworden sind. Zwei Gefälle haben sich in Europa herausgebildet: Das eine zeigt sich in der wirtschaftlichen Aufteilung Europas in einen Nord- und einen Südteil, wobei mir selbst nicht klar ist, welchem das geografisch nördlich gelegene Irland zuzurechnen wäre; das andere besteht in einer gefühlsmäßigen Aufteilung Europas in eine politisch integrierte Union, die der Westen präferiert, und eine wirtschaftlich-militärische Union, welcher der Osten den Vorzug gibt, weil dabei die Unabhängigkeit der Mitglieder erhalten bleibt. Übrigens plädiere ich für letztere Alternative: Statt eines Vaterlands namens Europa wünsche ich mir ein Europa der Vaterländer.

Auf den Punkt hat dies eine Schweizer Tageszeitung gebracht. »Die Menschen in Europa«, so schrieb die *NZZ* im Juni 2010, »wollen nicht einen europäischen Superstaat, sie wollen als Deutsche oder Franzosen, als Italiener, Spanier, Niederländer, Polen usf. Europa gestalten und mittragen«. Deshalb sollte die Gemeinschaft sich als »Wächter der Subsidiarität« und »Vetomacht gegen gouvernementale Regelungswut« verstehen. Mit anderen Worten, Brüssel muss die Macht, die es so geschickt an sich gezogen hat, wieder abgeben und sich nicht als Herrin der Nationen gebärden, sondern zur Vermittlerin divergierender Interessen werden.

Wer dagegen die zentralistische Einheit beschwört und die Solidarität mit ihr kategorisch eingefordert, der übersieht, dass es in der Wirklichkeit auch damit nicht so weit her ist. Nehmen wir das Beispiel Griechenland: Um mehr als andere Länder von Brüssel kassieren zu können, hat Athen weniger als andere bezahlt, und das wenige, das es bezahlte, sich von anderen auslegen lassen. Ebenso schamlos, wie es den Betrug an der Gemeinschaft beging, forderte es die Solidarität der zumeist deutschen Steuerzahler ein.

Kaum hatte man das griechische Rettungspaket geschnürt und die deutsche Delegation den Groll darüber hinuntergeschluckt, im rechten Augenblick nichts gesagt zu haben, kam der nächste Akt tätiger EU-Solidarität: Die Slowakei, einst Teil der Tschechoslowakei, hatte infolge des Untergangs des Ostblocks ihre Souveränität erlangt und war 2004 in die EU aufgenommen worden. Nun kam die erste Bewährungsprobe, sich europäisch-solidarisch zu erweisen, indem man dem Rettungspaket für das notleidende Athen zustimmte. Von den 110 Milliarden hätte das Ländchen mit seinen fünfeinhalb Millionen Einwohnern gut 800 Millionen übernehmen sollen. Doch es wollte nicht. Daraufhin warf Wirtschaftskommissar Olli Rehn den Slowaken unsolidarisches Verhalten vor, was wiederum eine entschiedene Gegenreaktion auslöste: Die Slowakei stellte sich stur. »Ich lehne eine Solidarität mit denen ab«, sagte Ministerpräsidentin Iveta Radičová der *Zeit*, »die unverantwortlich sind«.

Eine gute Einstellung, finde ich – nur würde sie, konsequent angewandt, das Ende des Euro bedeuten. Entsprechend heftig, geradezu wütend hörte sich die Kritik an, die von den anderen Europäern geäußert wurde, die, wie die *Zeit* meinte, »möglicherweise ähnlich gedacht, aber anders gehandelt haben«. Man erinnere sich, dass es im Vorfeld der Rettungsaktion geheißen hatte, entweder alle beteiligen sich oder keiner, da Gemeinschaft nicht teilbar sei. Nun scherte einer aus, und der Rest musste *nolens volens* seinen Anteil mit übernehmen.

Es gehört wenig Fantasie dazu, sich vorzustellen, was geschehen würde, wenn die nächste Rettungsgroßaktion anliefe und diesmal nicht nur die Slowakei, sondern eine ganze Anzahl von EU-Ländern »passten« und sich aus Mitspielern vorübergehend in Zuschauer verwandelten, die gespannt verfolgten, wer den »Schwarzen Peter« bekommt. Ich fürchte, ich weiß schon, wer ihn bekommt, da er längst auf ihn abonniert ist – und zugleich fällt mir eine ebenso spannende Alternative zum Schwarzen-Peter-Spiel ein:

Wie wäre es, wenn wir selbst uns davonmachten? Wenn Deutschland, wie die Slowakei, sein gutes Recht in Anspruch nähme, Nein zu sagen? Traumhafte Vorstellung! Aber leider weiß ich auch, dass wir Deutschen nicht Nein sagen können: Wir sind nicht die Letzten, sondern die Ersten, die die Hunde beißen, das hat sich längst herumgesprochen – und deshalb kann man mit deutschem Geld auch so interessante Schutz-schirme aufspannen.

Dennoch frage ich: Wie wäre es, wenn die Deutschen zur Abwechslung einmal die Initiative ergriffen und auf eine Alternative drängten? So alternativlos, wie unsere Kanzlerin es im Bundestag behauptete, ist das Aufspannen neuer Schutz- und Rettungsschirme eben nicht. Und hier ist die Alternative: Wir müssen einfach den Mut aufbringen, Nein zum bisherigen Euro zu sagen, und auf dessen Aufteilung drängen. Ein Nord- und ein Süd-Euro würden den Deutschen *und* der Gemeinschaft nützen. Denn von beiden neuen Währungen würde jede für sich eine bessere Chance haben, am internationalen Markt zu bestehen.

Man würde getrennt marschieren – und gemeinsam erfolgreich sein.

Nachwort

Europa muss sich entscheiden

Wenn es richtig ist, dass eine Währung die Leistungsfähigkeit ihres Landes widerspiegelt, dann muss zugleich mit der Frage, wie unsere zukünftige Gemeinschaftswährung aussehen soll, jene andere beantwortet werden, wie unsere zukünftige Gemeinschaft aussehen soll. Mit anderen Worten: Wie muss das gemeinschaftliche Europa konzipiert sein, damit sich die beiden Euro-Gruppen positiv auf die Beziehungen der europäischen Nationen auswirken und zugleich erfolgreich auf dem Markt der internationalen Währungen bestehen?

Das Konzept »Europa« war von Anfang an mit zwei unterschiedlichen Zielrichtungen verknüpft, die als »Vertiefung« und »Erweiterung« bezeichnet wurden: Erstere meinte die Intensivierung der Beziehungen, die auf allmähliche Angleichung gerichtet ist, wie man sie von anderen Staatenbündnissen kennt, bei denen die Gemeinsamkeiten der Staaten deren Unterschiede überwiegen. »Erweiterung« dagegen zielte schlicht auf eine Vergrößerung, also auf eine numerische Zunahme, die per se nicht mit sukzessiver Anpassung verknüpft ist, jedoch die Handels- und Kulturbeziehungen untereinander fördert.

Im Rückblick fällt mir auf, dass die europäischen Politiker beide Dimensionen gleichzeitig im Auge behielten und im Munde führten, sich aber über das Entscheidende nicht im Klaren waren: Wenn man einen Politiker, gleich welcher Couleur, heute fragt, ob die EU zukünftig eher vertieft oder erweitert werden soll, setzt er vermutlich eine politisch korrekte Miene auf und sagt: »Selbstverständlich beides.« Nach kurzem Nachdenken wird er hinzufügen, dass »offensichtlich die Vertiefung die Erweiterung voraussetzt, und dass es das eine nicht ohne das andere geben kann«.

Leider sitzt unser Politiker hier einem Denkfehler auf: Zwischen »Vertiefung« und »Erweiterung« besteht keine automatische Verbindung, im Gegenteil: Nehmen wir eine Wohnanlage, bei der immer neue Einheiten entstehen und immer neue Familien einziehen: Ohne Zweifel bringt diese Erweiterung der Wohngemeinschaft Vorteile, man trifft vielleicht interessante Leute, kann gemeinsame Probleme gemeinsam lösen. Doch käme wohl keiner auf die Idee, daraus eine automatische Vertiefung und Intensivierung der Beziehungen untereinander abzuleiten. Und mit dem Vorschlag, den Beitrag in die gemeinsame Kasse alljährlich zu erhöhen, würde man sich in der Anlage gewiss keine Freunde machen – eine solche Vertiefung dürfte sogar zum Auszug mancher Bewohner führen. Würde allerdings beschlossen, dass zukünftig die Hausgemeinschaft für die Schulden jedes einzelnen Mitbewohners aufkommen müsste, würden vermutlich die meisten ausziehen, und zwar schleunigst.

Die unsinnige Verknüpfung der beiden Vorstellungen Erweiterung und Vertiefung, die als selbstverständlich vorausgesetzt wurde, bildete übrigens den Hintergrund des Lissabon-Vertrages, der am 1. Dezember 2009 in Kraft trat. Nötig geworden war er, weil die Entscheidungsprozesse der 27 Mitgliedsstaaten sich immer komplizierter gestaltet hatten – hätte die Gemeinschaft nur aus sechs Ländern bestanden, wäre es relativ einfach gewesen, auf einen gemeinsamen Nenner zu kommen, wie es bei der EWG der Fall gewesen ist. Doch mit 27 Ländern war die

Wahrscheinlichkeit relativ groß, dass mindestens eines sich querlegt und das ganze Projekt zum Stillstand bringt.

So kam man in Lissabon zur Einführung des Mehrheitsbeschlusses. Das war vernünftig – aber vor lauter Begeisterung über diese »Demokratisierung« der EU übersah man einen entscheidenden Punkt: Man hatte erfolgreich erweitert, ohne ebenso erfolgreich zu vertiefen. Wie sich spätestens bei der Griechenlandkrise zeigte, waren die Bedingungen der Gemeinschaft, die in Maastricht festgelegt worden waren, dort gar nicht angekommen. Griechenland hatte sich in die Gemeinschaft aufnehmen lassen, ohne deren Vertragsbedingungen zu verinnerlichen. In Brüssel war man davon ausgegangen, dies geschehe ganz von selbst, weshalb man auch der Frage der Sanktionen keine gesteigerte Aufmerksamkeit widmete – man tut es bis heute nicht. Aber die Verinnerlichung der Vertragsmoral geschah nicht von selbst, sie blieb aus – übrigens nicht nur in Griechenland –, und keiner wollte es bemerken. Bis die Katastrophe eingetreten war.

Man hatte all die schönen Bedingungen von den Konvergenzkriterien bis zur *No-Bail-out*-Klausel aufgestellt, aber dafür, dass sie auch eingehalten wurden, hat man nicht gesorgt. Durch Lissabon war vielmehr die Möglichkeit geschaffen worden, mittels einer Mehrheit alles durchzusetzen, Vertragsbruch inklusive. Man hat die Gemeinschaft erweitert, aber mit dem Ergebnis, dass deren Existenzbedingungen nach Kassenlage abgeändert wurden und der Eid, den man sozusagen bei der Aufnahme in die EU geschworen hatte, zum leeren Ritual verkam.

Eine Vertiefung hat in Wahrheit niemals stattgefunden, und wenn der Eindruck erweckt wurde, dann geschah es *just for show*: Man glich sich einander an, aber nur kosmetisch, und man unterschrieb Verträge, aber mit Zaubertinte. Als gutes

Beispiel für den verbreiteten Unwillen der gegenseitigen Angleichung lässt sich das Modell der deutschen betrieblichen Mitbestimmung heranziehen. Auf das paritätische Verhältnis zwischen Arbeitgebern und -nehmern, das nur sie eingeführt haben, sind die Deutschen stolz. Sie werden es auch in Zukunft sein können, denn die restlichen Europäer haben trotz EU und Lissabon gar nicht daran gedacht, die Mitbestimmung nach deutschem Recht zu übernehmen. Sie haben erkannt, dass es für ihre Wirtschaft besser ist, wenn man der Mitbestimmung der Arbeitnehmer enge Grenzen setzt, und damit der von Deutschland erhofften Vertiefung der EU eine klare Absage erteilt.

Bemerkenswert scheint mir die deutsche Reaktion: Obwohl unsere Politiker felsenfest von der Überlegenheit und demokratischen Legitimation des paritätischen Modells überzeugt sind, haben sie es einfach hingenommen, dass niemand in Europa es haben will. Wie oft hören wir im Gegenzug, dass andere Länder ihre speziellen Modelle europaweit durchsetzen, und kein deutscher Politiker käme auf die Idee, der jeweiligen Neuerung die Gefolgschaft zu verweigern – im Gegenteil, im Bundestag lässt sich dann etwas besonders leicht durchsetzen, wenn es in anderen europäischen Ländern bereits praktiziert wird.

Wir halten selbst dann still, wenn man uns »Reformen« oktroyiert, auf die eine Mehrheit der Deutschen gern verzichten würde. Nehmen wir die Glühlampenverordnung, die von Brüssel aus Klimaschutzgründen durchgesetzt wurde. Man spart Strom und senkt angeblich den Kohlendioxidausstoß um Millionen Tonnen pro Jahr, und deshalb sind die alten Birnen mit dem angenehm warmen Licht nun verboten. Man hätte noch viel mehr verbieten können, aber man will nicht alles auf einmal durchziehen – die Vertiefung der Energiesparmaßnahmen erfolgt etappenweise, gleichsam im Schongang. Aber sie kommt, und man kann sicher sein, dass die Deutschen alles abnicken und auch dafür bezahlen werden.

Kürzlich ist mir eine streng legale Energiesparlampe, die ich in meine Wohnzimmerbeleuchtung drehen wollte, zu Boden gefallen und zerbrochen. Vielleicht war mein Unterbewusstes schuld daran, dass ich sie fallen ließ. Ich mag nämlich ihr kaltes, schneeweißes Licht nicht, es verbreitet statt wohnlicher Wärme die nüchterne Helle eines Büros. Wie gewohnt, habe ich Schaufel und Besen geholt, um die Splitter auf ein Blatt Zeitungspapier zu fegen und in den Abfalleimer zu werfen. Im letzten Augenblick kam mir der Gedanke, dass dieses Zeug vermutlich hochgiftig war und keinesfalls in den Hausmüll gehörte. Nur fragte sich, wohin damit?

Ich eilte zum PC und suchte nach einer Lösung für mein Sondermüllproblem, vergebens. Immerhin erfuhr ich, dass für die Leuchtenkomponenten eine geregelte Leuchtenentsorgung nötig ist, für die wiederum Logistikprozesse eingerichtet wurden – man wende sich vertrauensvoll, so las ich, an die Wertstoffhöfe. Und wo bitte ist in Berlin-Mitte der nächste an einen Leuchtenkomponentenentsorgungslogistikprozess angeschlossene Wertstoffhof? Und wieviele S-Bahn-Stationen weit muss ich die Überreste meiner Energiesparleuchte, möglichst luftdicht verpackt, durch die Hauptstadt begleiten?

Zu verdanken haben wir diesen Wahnsinn niemand anderem als dem neuen starken Mann der SPD, Sigmar Gabriel. Als er unter Angela Merkel Umweltminister war und sich überlegte, womit er sich profilieren könnte, las er irgendwo, dass die australische Regierung das Verbot der klassischen Glühbirnen eingeführt hatte, vermutlich um das Abschmelzen des Südpols aufzuhalten. Sogleich schrieb Gabriel einen vielbeachteten Brief an die Europäische Kommission, dass wir das auch machen sollten. Das Ergebnis haben wir nun, und von Bilbao bis Santorin, von Messina bis Berlin-Mitte strahlt nur noch kaltes Licht, und wenn es Scherben gibt, kann man sehen, wohin damit. Die Mitbestimmung in Aufsichtsräten dagegen haben nur wir, und daran kann man sehen, wie es mit der Vertiefung bestellt ist.

Auch der Fall Sarrazin hängt eng mit der EU zusammen. Schlaglichtartig hat er die Probleme aufgezeigt, die sich mit der Integration, der ethnischen Vertiefung sozusagen, ergeben. Sieht man als Kernstück die Möglichkeit, dass sich im Grunde jede ethnische Gruppe, die aus einem EU-Land stammt, in beliebiger Anzahl an jedem Ort der Gemeinschaft ansiedeln kann, dann bringt dies unlösbare Probleme mit sich: Was, wenn diese Gruppen oder Teile von ihnen sich nicht integrieren wollen und zu diesem Zweck auf ihre Freiheitsrechte pochen? Und wie lässt sich nationale Identität überhaupt noch territorial definieren, wenn Grenzen obsolet sind und die Migrantenströme dorthin fließen, wo die angenehmsten Lebensbedingungen herrschen?

Als ich 1998 mein erstes Buch, *Jetzt oder nie – ein Bündnis für Nachhaltigkeit in der Politik,* schrieb, stand mir dieses Dilemma bereits klar vor Augen. Europa musste irgendwann entscheiden, was es wollte – das eine oder das andere, Vertiefung oder Erweiterung, denn beides zugleich ging nicht. Damals wie heute plädiere ich für die Erweiterung und konnte schon 1998 »triftige Gründe anführen. Erstens hat die Vertiefung ein Niveau erreicht, das erst einmal verdaut werden muss. Es gibt die ersten Übersättigungserscheinungen ... Zweitens gibt es viele Gründe dafür, dass eine weitere Vertiefung zur Verhinderung von Wettbewerb zwischen den einzelnen Ländern führen wird, von Wettbewerb, der für ein insgesamt stärkeres Ganzes dringend gebraucht wird«.

Auch deshalb sage ich Nein zur Vertiefung, weil sie sich mit der Realität nicht vereinbaren lässt und deshalb auch von niemandem beherzigt wird. Stattdessen verkommt sie zu einem reinen Lippenbekenntnis, bei dem der Ehrliche, der die Schönrednerei für bare Münze nimmt, das Nachsehen hat. Damit bestreite ich nicht, dass Vertiefung möglich ist – allerdings nur dann, wenn sie mit Vertragsgewalt durchgesetzt wird, wobei unversehens ein zentralistischer Moloch entsteht, neben dem die einzelnen Mitglieder nur noch als Bittsteller und Befehlsempfänger erscheinen. Und davor sollte uns schon die Erfahrung der Geschichte bewahren.

Eine Erweiterung dagegen nützt allen Beteiligten, ohne ihre Souveränität anzutasten. Man bindet sich nur so weit, als sich mit der eigenen Freiheit vereinbaren lässt. Man behandelt einander mit Entgegenkommen, und doch kann jeder so bleiben, wie er ist. Die Erfahrung zeigt, dass sich wirtschaftlicher Austausch im selben Maße entwickelt, wie die Zahl der beteiligten Länder zunimmt. In meinem Buch habe ich damals auf die Wirtschaftsorganisation NAFTA hingewiesen, in der die Vereinigten Staaten, Kanada und Mexiko eine Handelsgemeinschaft bilden, die sich auf die Konkurrenzfähigkeit aller Beteiligten positiv ausgewirkt hat. Übrigens ließ sich dieses Erfolgsmodell verwirklichen, ohne dass die USA auf ihrem Dollar als Gemeinschaftswährung bestanden hätten – wie die Mexikaner ihren Peso behielten, so die Kanadier ihren Kanadischen Dollar.

Die Gefahr, die eine Erweiterung mit sich bringt, solange die Probleme der Vertiefung nicht geklärt sind, lässt sich am Beispiel Rumänien ablesen. Es war Frankreichs Staatspräsident Jacques Chirac gewesen, der sich zusammen mit Gerhard Schröder nachdrücklich für eine Aufnahme des einstigen Ostblocklandes in die EU einsetzte. Wie aus einer Willkommensbotschaft hervorgeht, die er Rumänien und Bulgarien am 31. Dezember 2006 übersandte, war sein Einsatz nicht ganz selbstlos. »Im Namen Frankreichs und aller Franzosen«, schrieb Chirac, »möchte ich Sie in der EU willkommen heißen«. Um keinen Zweifel aufkommen zu lassen, dass es sich hier nicht um eine lose Partnerschaft, sondern eine echte Vertiefung der Beziehungen handelte, betonte er, es sei »nur natürlich, dass Sie Ihrer Familie, Europa, beitreten«.

Und da man sich nun einmal in familiärer Weise nähergekommen war, konnte Chirac auch gleich die Katze aus dem Sack lassen: »Mit dem Beitritt Ihrer beiden Länder zur EU sind die Mitgliedstaaten der Frankophonie in der Mehrheit.« Mit diesem ungewohnten Begriff, zu deutsch etwa »Französischsprachigkeit«, fasst Paris sämtliche Länder zusammen, in denen Französisch entweder gesprochen oder als Lehrsprache benutzt wird. Dahinter steht offenbar die Hoffnung, man könne auf diese Weise die Dominanz der Anglophonie, der verbreiteten Englischsprachigkeit, brechen. Eine alberne Vorstellung, finde ich. Obwohl die in Europa verbreitetste Sprache die deutsche ist, würde niemand bei uns auf die Idee kommen, eine Gemeinschaft der »Germanophonie« zu gründen, um den Franko- und Anglophonen Paroli zu bieten. Für Chirac scheint die »Frankophonie« aber Grund genug gewesen zu sein, zwei Entwicklungsländer ohne weiteres in die hochentwickelte EU aufzunehmen.

Nun aber zum rumänischen Dilemma: Im festen Glauben, jede Erweiterung bringe automatisch eine Vertiefung – man könnte auch sagen »Verbrüderung« –, hieß man die neuen Länder nicht nur in der Gemeinschaft willkommen, sondern sicherte ihnen auch die damit verbundenen Privilegien wie Freizügigkeit der Bewegung und Niederlassungsfreiheit zu. Nun gibt es in Rumänien eine Volksgruppe, die sich traditionell freizügig bewegt und gelegentlich auch niederlässt, die Roma. Diese nahmen den Willkommensgruß des Staatspräsidenten beim Wort und machten sich massenhaft in Richtung Frankreich auf, um endlich zu ihrer »Familie« zu stoßen.

Wer viel durch Frankreich reist, trifft dort schon immer auf die *Gitans*, die etwa in der Provence zur Folklore gehören. Nebenbei bemerkt habe ich als Jazz-Fan eine große Schwäche für die Musik dieses Volkes, bewundere Django Reinhardt und weigere mich, politisch korrekt von Roma-und-Sinti-Jazz zu sprechen – für mich ist und bleibt es Zigeuner-Jazz, und den gibt es wirklich nur einmal auf der Welt.

Schon immer zieht es das »fahrende Volk« in den Süden Frankreichs, und in jedem Mai verwandelt sich die Küstenstadt Saintes-Maries-de-la-Mer in die »Hauptstadt der Roma«, wo Zehntausende von ihnen in ihren Wohnanhängern zusammenströmen. Seit der Aufnahme Rumäniens in die EU sind es offenbar noch mehr geworden. Im Vertrauen auf die nun ausgebrochene Freizügigkeit reisten sie an und ließen sich nieder, wo es ihnen gefiel. Damit hatte Chiracs Nachfolger ein ernstes Problem. Einerseits wollte man die EU vergrößern und die Frankophonie stärken – aber die neuen Ansiedlungen der *Gitans*, die nun *Roms* genannt wurden, ließen sich den Franzosen einfach nicht vermitteln. Das war ihnen entschieden zu viel EU. Darauf ließ Sarkozy die unerwünschten Europäer massenweise deportieren und regte sich dann auf, als die Brüsseler Grundrechte-Kommissarin Viviane Reding ihm in die Parade fuhr.

Frau Reding kenne ich aus ihrer Zeit als Kommissarin für Verbraucherschutz, als sie eine EU-weite Senkung der Telefongebühren durchgesetzt hatte. Dafür wurde ihr 2007 der Deutsche Mittelstandspreis verliehen, und ich durfte die Laudatio halten. Beim Konflikt dieser mutigen Frau mit dem französischen Ministerpräsidenten waren die Argumente beider Seiten nachvollziehbar, wobei mir auffiel, dass Sarkozy fast wie ein französischer Sarrazin auftrat, doch ohne wie dieser von der heimischen Presse gleich aufs Haupt zu bekommen. Was er allerdings nicht begriffen hatte, war der Umstand, dass Frau Reding mit ihrem Einsatz zugunsten der Roma eben jene Freizügigkeit verteidigte, die sein eigener Vorgänger durchgesetzt hatte.

Überflüssig zu betonen, dass bei der Einführung des Euro oder besser gesagt: bei der Einführung gewisser Staaten in den Euro derselbe Fehler begangen wurde wie beim Willkommensgruß an die osteuropäischen Entwicklungsländer. Man wollte möglichst viele an Bord haben und übersah, dass nur wenige die Kraft zum Rudern mitbrachten, während die meisten gerne einstiegen und die schöne Aussicht genossen oder sich über den Proviant hermachten.

Deshalb sollte die EU sich von der Vertiefung um jeden Preis lossagen – ja, sie sogar teilweise zurückführen und stattdessen auf Erweiterung setzen. Wenn wir die EU auf ihr »Kerngeschäft« beschränken, den europäischen *Wirtschafts*raum, der einen Wettbewerb zwischen souveränen Staaten ermöglicht, dann können wir auch noch weitere Länder aufnehmen, ohne eine Schwächung der Gemeinschaft befürchten zu müssen; vor allem, ohne eine weitere Schwächung Deutschlands hinnehmen zu müssen, das unter der Vertiefung am meisten leidet. Dagegen wird sich eine Erweiterung des Binnenmarkts um Länder wie die Ukraine, Weißrussland und natürlich auch Island nur positiv für uns auswirken.

»Europa hat seinen Glanz dem Wettbewerb der Nationen zu verdanken«, sagte ich im Vorwort. Mir persönlich erschien die Ländervielfalt Europas immer als Trumpfkarte unseres Kontinents. Schon zu meiner Zeit als IBM-Chef für Europa legte ich großen Wert auf die Besonderheiten jedes Landes, die sich in Sprache, Kultur, Temperament, Mentalität und sogar der Art, Geschäft und Handel zu treiben, niederschlagen. Gerade in diesen unverwechselbaren Eigenheiten, in denen sich die Nationen voneinander unterscheiden, entdeckte ich den größten Reiz. Deshalb habe ich immer der Versuchung widerstanden, alles auf Gleichheit und Einheitlichkeit einzuschwören und einem vorgegebenen System unterzuordnen. Jeder sollte nach eigener Fasson sein IBM-Geschäft betreiben, und der Erfolg gab dieser individualistischen Strategie Recht.

Andererseits kann man nicht behaupten, dass europäische Politiker sich generell gegen die Vielfalt stemmen. Es ist geradezu Mode geworden, jede Abweichung von der Norm und jede Minderheit besonders zu pflegen und zu schützen. Nicht zufällig gibt es die ehrenamtliche Position eines »Botschafters der Kampagne Charta der Vielfalt«, in der, neben dem Ehrenpräsidenten des DIHK, Ludwig Georg Braun, dem Präsidenten des Deutschen Sparkassen- und Giroverbandes, Heinrich Haasis, der Geschäftsführerin der Öger Tours, Nina Öger, und anderen, auch ich vertreten bin. Die im Kanzleramt angesiedelte Beauftragte der Bundesregierung für Migration, Flüchtlinge und Integration, Maria Böhmer, setzt mit ihrer Charta der Vielfalt auf ein, gut Deutsch gesagt, *Diversity Management* des Arbeitsmarktes. Vielfalt steht also hoch im Kurs in Deutschland. Und doch möchten unsere Politiker und Medien, dass möglichst alles gleich gemacht wird, vor allem in Europa. Sie übersehen dabei, dass das Gegenteil von Vielfalt – Einfalt sein kann.

Auch die Türkei zählt zu den Mosaiksteinen Europas, deren individuelle Stärken im Facettenreichtum der Gemeinschaft nicht fehlen dürfen. Schon in meinem ersten Buch habe ich mich für eine Aufnahme der Türkei in die EU ausgesprochen, allerdings würde ich heute differenzieren: Das Problem liegt nicht in der Erweiterung selbst, für die ich unbedingt plädiere, sondern in dem, was Brüssel stillschweigend voraussetzt, der Vertiefung.

Unter dem Namen »Integration« ist sie in Deutschland und wohl auch anderen nordeuropäischen Ländern offensichtlich gescheitert, und als Folge hat sich das Parteienspektrum vielerorts nach rechts verschoben. Die Vorstellung, dass Integration oft gar nicht gewollt ist – und zwar weder von den Einheimischen noch von den muslimischen Zuwanderern –, scheint unseren Politikern einfach nicht nachvollziehbar. Heißt es nicht schon bei Schiller: »Alle Menschen werden Brüder«? Gewiss, aber man sollte die schöne, heile Welt der Poesie nicht mit der Wirklichkeit verwechseln.

Auch wenn Brüssel es noch nicht zu bemerken vorgibt, steht die europäische Gemeinschaft heute vor einer klaren Alternative: Entweder verstehen wir uns als Transfergemeinschaft, in der alle das Geld aus einem gemeinsamen Topf beziehen und die meisten sich heimlich überlegen: Wie hole ich mehr heraus, als ich hineingebe? Oder wir entwickeln uns zu einer Gemeinschaft des fairen Wettbewerbs zwischen freien Partnern, wodurch schlagartig der Binnenmarkt und zugleich die globale Konkurrenzfähigkeit gestärkt würden.

Dass dies den kleineren Partnern Nachteile brächte, steht nicht zu befürchten. Für mich beweist die NAFTA, dass auch schwächere Staaten wie Mexiko und Kanada von der Wirtschaftsunion mit einem mächtigeren und ökonomisch stärkeren Staat wie den USA profitieren können, ohne dabei die eigene Identität und Souveränität aufgeben zu müssen. Das Problem mit der »Vertiefung« haben die Amerikaner allerdings auf ihre spezielle Weise gelöst: Den 1 078 Kilometer langen Hightech-Zaun, der die USA von Mexiko abgrenzt, haben sie sich eine Milliarde Dollar kosten lassen, und selbst Menschenrechtspräsident Barack Obama hat dagegen keine Einwände erhoben.

Ich finde, die Türkei sollte die Chance bekommen, der Welt zu beweisen, dass auch ein muslimisches Land voll demokratiefähig ist, die Menschenrechte achtet und eine funktionierende Marktwirtschaft entwickeln kann – ohne dass wir Deutschen beweisen müssen, dass unsere Aufnahmefähigkeit für weitere türkische Zuwanderung unbegrenzt ist. Ich plädiere also auch in diesem Fall für Erweiterung, aber eben ohne die Vertiefung, die uns mit den von Sarrazin beschworenen Szenarien konfrontiert.

Übrigens wäre die Türkei unter den 57 muslimischen Ländern das erste, das sich zugleich für Demokratie, Menschenrechte und Marktwirtschaft ausspricht – und das dürfte spätestens dann geschehen, wenn sich die EU für eine Mitgliedschaft der Türkei in einem zukünftigen europäischen Wirtschaftsverbund ausspricht. Die Aufnahme in den Süd-Euro wäre dann nur noch eine Frage der Zeit.

Mehr noch: Sobald die Türken in ihrem eigenen Land europäische Lebensverhältnisse vorfänden, würden sie keinen Grund mehr finden, aus ihrer Heimat wegzuziehen. Denn wenn Wirtschaft und Demokratie funktionieren und auch die Menschenrechte eingehalten werden – wozu dann noch auswandern? Wozu noch in der Fremde bleiben?

So würden die Probleme, die durch die Vertiefung entstanden sind, durch die Erweiterung gelöst. Wenn sich dann auch noch die Transferunion in eine Wettbewerbsgemeinschaft mit zwei Währungen verwandelt hat, könnten auch die Deutschen wieder Vertrauen in den neuen Euro gewinnen – und ein Europa schätzen lernen, das sich nicht länger als Krake von Brüssel, sondern als Europa der Vaterländer versteht.